Nouveau programme 2015

Moyenne section

Comment enseigner en... Maternelle

Chantal Mettoudi

hachette ÉDUCATION

L'AUTEUR

■ Chantal Mettoudi, inspecteur d'académie

Je remercie les enseignants de Moyenne Section des écoles maternelles Franklin-Roosevelt et Clément-Viénot, à Vincennes, ainsi que leurs directrices, qui ont bien voulu mettre à ma disposition des productions de qualité, à l'image de ce qu'elles ont engagé dans leur classe et dans leur école.

« On ne doit pas mettre en difficulté les enfants
par des apprentissages prématurés,
ni freiner leur désir d'apprendre. »
Programmes pour l'école primaire, 1995.

Maquette intérieure et réalisation : Médiamax

Maquette de couverture : Nicolas Piroux

PAPIER À BASE DE FIBRES CERTIFIÉES

hachette s'engage pour l'environnement en réduisant l'empreinte carbone de ses livres. Celle de cet exemplaire est de : 1050 g éq. CO_2 Rendez-vous sur www.hachette-durable.fr

www.hachette-education.com

I.S.B.N. 978-2-01-400531-8

SOMMAIRE

AVANT-PROPOS

Depuis sa création, l'école maternelle a beaucoup évolué. De la salle d'asile – dont l'objectif était de protéger les enfants des risques de la rue, de leur assurer des conditions d'hygiène et de sécurité et de leur enseigner quelques rudiments de lecture et de calcul –, à l'école maternelle française d'aujourd'hui – considérée en Europe, et parfois dans le monde, comme un exemple de pédagogie, comme une sorte de vitrine de notre système éducatif –, plusieurs modèles pédagogiques ont marqué de leur empreinte ce grand intervalle de temps.

Après s'être, au fil des années, progressivement affranchie du modèle pédagogique de l'école primaire à partir duquel elle s'était constituée, l'école maternelle s'est fondée sur une pédagogie de l'expressivité, du libre développement des potentialités, à laquelle elle reste encore, par endroits, très fortement attachée. Entre ces deux modèles, pour partie inadaptés à l'âge des enfants et à l'hétérogénéité du jeune public scolaire, **cette première école cherche sa voix**, sa spécificité qu'elle revendique haut et fort.

Cette spécificité est réelle, mais mérite d'être clairement définie : l'approche des enfants, leurs rythmes d'acquisition, leurs intérêts, leur première appréhension d'une vie en collectivité, leur accès aux apprentissages... nécessitent **une pédagogie active, adaptée et, à tous moments, réfléchie et analysée.** Cette réflexion permanente, cette capacité à conduire chaque enfant de progrès en progrès, dans le strict respect de ce qu'il est, de ce qu'il peut et des obstacles qu'il lui faut franchir en vue de réaliser les compétences de fin de cycle ne s'improvisent pas ; un regard optimiste porté sur les enfants, une détermination à les aider, une créativité pédagogique affirmée sont indispensables, mais ne suffisent pas à **réaliser nos ambitions pour eux.**

Enseigner en école maternelle, c'est enseigner vraiment, c'est assurer pleinement son métier de professeur des écoles auprès de très jeunes enfants en devenir mais dont les bagages, dès l'âge de 2 ans, sont déjà très différents d'un enfant à l'autre. Alors, enseigner en maternelle, c'est avant tout intégrer cette dimension et se montrer déterminé à apporter à chaque enfant les bonnes réponses et les bons outils. C'est, nous l'espérons, ce que cet ouvrage vous aidera à réaliser.

***Comment enseigner en Moyenne Section* comprend trois grandes parties :**

- **Organiser**
  Des conseils pour concevoir sa **pédagogie au quotidien** au travers de grandes questions relatives à l'aménagement de la classe, à l'organisation des activités, à la gestion d'un groupe, à la structuration du temps, à l'évaluation...

- **Enseigner**
  Un traitement systématique de tous **les grands domaines d'activités**. Nous avons, pour ce faire, volontairement décidé, dans une perspective de cycle, d'**aborder les fondamentaux de chaque section**, les grands repères qui jalonnent les trois ou quatre années passées à l'école maternelle. La consultation sur les nouveaux programmes a fait apparaître de manière évidente, de la part des enseignants, cette demande de **repères permettant d'organiser son année**. Nous vous proposons donc de très nombreux outils vous aidant à comprendre les nouveaux programmes, à organiser vos progressions, à concevoir vos séquences et à préparer vos activités.

- **Réaliser**
  Enfin, vous pourrez réaliser les compétences de fin de cycle à partir de fiches de préparation très précises, mais également de **projets pluridisciplinaires très variés et très riches**.

Cet ouvrage, très concret, interactif, préférant les schémas aux longs discours, aura l'utilité que vous lui conférerez. Nous vous en souhaitons bonne lecture et bon usage.

L'auteur

Introduction

La place de la Moyenne Section

La Moyenne Section n'est pas la classe d'un âge précis, mais d'une tranche d'âge située entre 3 et 5 ans, entre la classe des tout-petits, classe de transition entre la maison, un mode de garde et l'école, et la Grande Section, classe passerelle vers l'école élémentaire.

Qu'on l'appelle « Section des Moyens » ou « Moyenne Section », elle occupe une position intermédiaire dont les contours sont parfois difficiles à définir. C'est ce qui explique qu'elle est la section la moins demandée par les enseignants et la moins traitée par les pédagogues. Car, après tout, comment définir ce qu'est l'élève « moyen », ni tout petit, ni vraiment « grand » ?

Cette difficulté, qu'il ne faut pas nier, peut être dépassée, à condition que l'on se centre sur une bonne connaissance du développement de l'enfant qui vit là une période « d'explosion verbale, corporelle, imaginative », que l'enseignant se doit d'encourager, de soutenir et d'accompagner.

Son développement affectif

- Jouer à « faire semblant » et imiter les adultes.
- Maîtriser ses émotions.
- Se concentrer jusqu'à 20 min sur une activité qui l'intéresse.
- Exprimer certaines sensations et émotions.
- Respecter les demandes des adultes.
- Montrer de l'intérêt pour les membres de sa famille.
- S'attacher durablement à des camarades de jeu.
- Avoir confiance en soi et prendre des risques calculés.

QUELLES SONT LES COMPÉTENCES D'UN ENFANT DE 4 ANS ?

Ses relations sociales

- Jouer à des jeux dont les règles sont simples.
- Commencer à accepter de partager.
- Montrer de l'intérêt pour les différences sexuelles.
- Prendre plaisir à des jeux symboliques.
- Imiter les autres enfants.
- Rester éveillé toute la journée.

Sa motricité globale

- Marcher sur la pointe des pieds.
- Se tenir en équilibre.
- Se déplacer sur un tricycle.
- Savoir lancer et attraper.
- Se déplacer en respectant le rythme d'une musique.
- Courir et s'arrêter à un signal.
- Monter et descendre les escaliers sans appui.

Sa motricité fine

- Découper à l'aide d'une paire de ciseaux.
- Découper en suivant un tracé simple.
- Peindre avec différents pinceaux.
- Manipuler différentes pâtes.
- Dessiner un personnage (tête, tronc, membres).
- Transporter des objets fragiles ou encombrants d'un point à un autre.
- Enfiler de petites perles.
- Recopier son prénom et s'exercer graphiquement sur un format de feuille assez réduit.

Son langage

- Jouer avec les mots pour former des rimes, des assonances.
- Employer des mots nouveaux, peu habituels, parfois assez longs.
- Comprendre des énoncés complets.
- Employer une syntaxe simple et correcte.
- Utiliser un vocabulaire de 1 500 mots en moyenne.
- Utiliser des connecteurs spatiaux et temporels.
- Évoquer des situations imaginaires.
- Commencer à poser des questions commençant par : « Pourquoi… ? ».
- Employer des verbes au passé, au présent et au futur de l'indicatif.

Son développement cognitif

- Faire la différence entre un être vivant et un objet.
- Commencer à comprendre la différence entre la réalité et l'imaginaire.
- Se souvenir d'événements passés.
- Manifester de l'intérêt pour l'écrit.
- Manifester de l'intérêt pour le fonctionnement du langage oral.
- Classer des objets en fonction de leurs caractéristiques physiques : taille, forme, couleur…
- Associer des images, des objets, des souvenirs, des connaissances.
- Reproduire des motifs, des montages, des maquettes simples.

PRÉSENTATION DE L'OUVRAGE

Partie générale

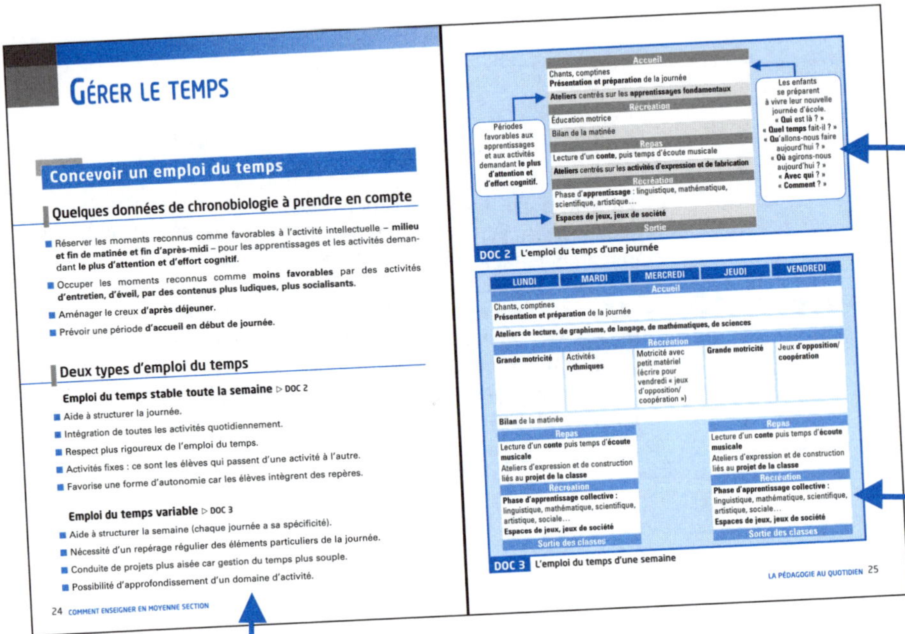

GÉRER LE TEMPS

Concevoir un emploi du temps

Quelques données de chronobiologie à prendre en compte

- Réserver les moments reconnus comme favorables à l'activité intellectuelle – **milieu et fin de matinée et fin d'après-midi** – pour les apprentissages et les activités demandant **le plus d'attention et d'effort cognitif.**
- Occuper les moments reconnus comme **moins favorables** par des activités **d'entretien, d'éveil, par des contenus plus ludiques, plus socialisants.**
- Aménager le creux **d'après déjeuner.**
- Prévoir une période **d'accueil en début de journée.**

Deux types d'emploi du temps

Emploi du temps stable toute la semaine ▷ DOC 2

- Aide à structurer la journée.
- Intégration de toutes les activités quotidiennement.
- Respect plus rigoureux de l'emploi du temps.
- Activités fixes : ce sont les élèves qui passent d'une activité à l'autre.
- Favorise une forme d'autonomie car les élèves intègrent des repères.

Emploi du temps variable ▷ DOC 3

- Aide à structurer la semaine (chaque journée a sa spécificité).
- Nécessité d'un repérage régulier des éléments particuliers de la journée.
- Conduite de projets plus aisée car gestion du temps plus souple.
- Possibilité d'approfondissement d'un domaine d'activité.

24 COMMENT ENSEIGNER EN MOYENNE SECTION

Accueil
Chants, comptines
Présentation et préparation de la journée
Ateliers centrés sur les **apprentissages fondamentaux**
Récréation
Éducation motrice
Bilan de la matinée
Repas
Lecture d'un **conte**, puis temps d'écoute musicale
Ateliers centrés sur les **activités d'expression et de fabrication**
Récréation
Phase d'**apprentissage** : linguistique, mathématique, scientifique, artistique…
Espaces de jeux, jeux de société
Sortie

Périodes favorables aux apprentissages et aux activités demandant **le plus d'attention et d'effort cognitif.**

Les enfants se préparent à vivre leur nouvelle journée d'école.
« **Qui** est là ? »
« **Quel temps** fait-il ? »
« **Qu'**allons-nous faire aujourd'hui ? »
« **Où** agirons-nous aujourd'hui ? »
« **Avec qui** ? »
« **Comment** ? »

DOC 2 L'emploi du temps d'une journée

LUNDI	MARDI	MERCREDI	JEUDI	VENDREDI
Accueil				
Chants, comptines **Présentation et préparation** de la journée				
Ateliers de lecture, de graphisme, de langage, de mathématiques, de sciences				
Récréation				
Grande motricité	Activités **rythmiques**	Motricité avec petit matériel (écrire pour vendredi « jeux d'opposition/coopération »)	**Grande motricité**	Jeux **d'opposition/ coopération**
Bilan de la matinée				
Repas			Repas	
Lecture d'un **conte** puis temps d'**écoute musicale** Ateliers d'expression et de construction liés au **projet de la classe**			Lecture d'un **conte** puis temps d'**écoute musicale** Ateliers d'expression et de construction liés au **projet de la classe**	
Récréation			Récréation	
Phase d'apprentissage collective : linguistique, mathématique, scientifique, artistique, sociale… **Espaces de jeux, jeux de société**			**Phase d'apprentissage collective :** linguistique, mathématique, scientifique, artistique, sociale… **Espaces de jeux, jeux de société**	
Sortie des classes			Sortie des classes	

DOC 3 L'emploi du temps d'une semaine

LA PÉDAGOGIE AU QUOTIDIEN 25

Des illustrations, des idées, des fiches techniques

Pour réfléchir, agir, décider

Partie disciplinaire

Les textes officiels
Les objectifs à atteindre

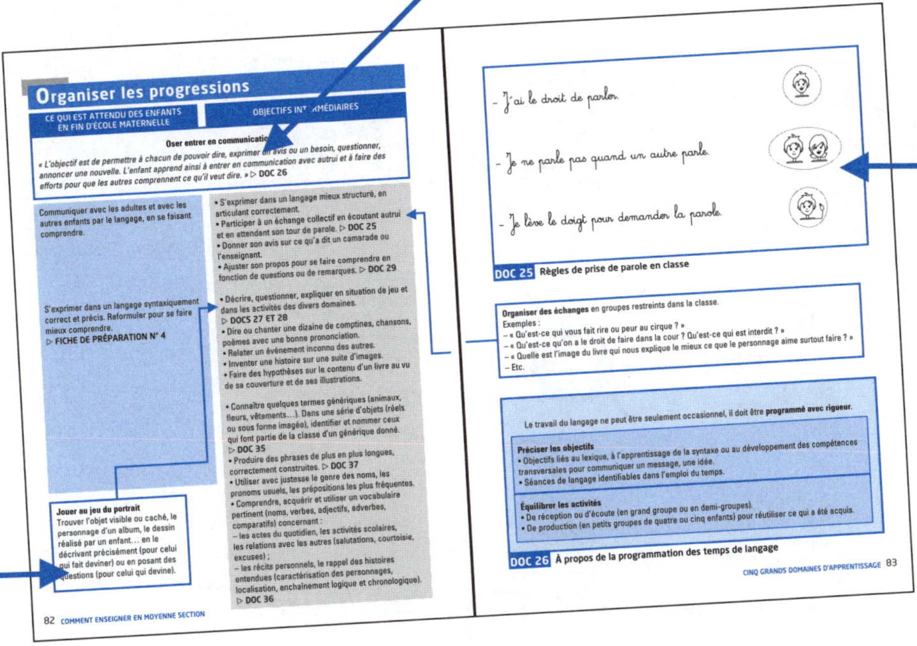

Organiser les progressions

CE QUI EST ATTENDU DES ENFANTS EN FIN D'ÉCOLE MATERNELLE	OBJECTIFS INTERMÉDIAIRES

Oser entrer en communication

« L'objectif est de permettre à chacun de pouvoir dire, exprimer un avis ou un besoin, questionner, annoncer une nouvelle. L'enfant apprend ainsi à entrer en communication avec autrui et à faire des efforts pour que les autres comprennent ce qu'il veut dire. » ▷ **DOC 26**

Communiquer avec les adultes et avec les autres enfants par le langage, en se faisant comprendre.

- S'exprimer dans un langage mieux structuré, en articulant correctement.
- Participer à un échange collectif en écoutant autrui et en attendant son tour de parole. ▷ **DOC 25**
- Donner son avis sur ce qu'a dit un camarade ou l'enseignant.
- Ajuster son propos pour se faire comprendre en fonction de questions ou de remarques. ▷ **DOC 29**

S'exprimer dans un langage syntaxiquement correct et précis. Reformuler pour se faire mieux comprendre.
▷ **FICHE DE PRÉPARATION N° 4**

- Décrire, questionner, expliquer en situation de jeu et dans les activités des divers domaines. ▷ **DOCS 27 ET 28**
- Dire ou chanter une dizaine de comptines, chansons, poèmes avec une bonne prononciation.
- Relater un événement inconnu des autres.
- Inventer une histoire sur une suite d'images.
- Faire des hypothèses sur le contenu d'un livre au vu de sa couverture et de ses illustrations.

- Connaître quelques termes génériques (animaux, fleurs, vêtements…). Dans une série d'objets (réels ou sous forme imagée), identifier et nommer ceux qui font partie de la classe d'un générique donné. ▷ **DOC 35**
- Produire des phrases de plus en plus longues, correctement construites. ▷ **DOC 37**
- Utiliser avec justesse le genre des noms, les pronoms usuels, les prépositions les plus fréquentes.
- Comprendre, acquérir et utiliser un vocabulaire pertinent (noms, verbes, adjectifs, adverbes, comparatifs) concernant :
  – les actes du quotidien, les activités scolaires, les relations avec les autres (salutations, courtoisie, excuses) ;
  – les récits personnels, le rappel des histoires entendues (caractérisation des personnages, localisation, enchaînement logique et chronologique). ▷ **DOC 36**

Jouer au jeu du portrait
Trouver l'objet visible ou caché, le personnage d'un album, le dessin réalisé par un enfant… en le décrivant précisément (pour celui qui fait deviner) ou en posant des questions (pour celui qui devine).

82 COMMENT ENSEIGNER EN MOYENNE SECTION

– J'ai le droit de parler.
– Je ne parle pas quand un autre parle.
– Je lève le doigt pour demander la parole.

DOC 25 Règles de prise de parole en classe

Organiser des échanges en groupes restreints dans la classe.
Exemples :
– « Qu'est-ce qui vous fait rire ou peur au cirque ? »
– « Qu'est-ce qu'on a le droit de faire dans la cour ? Qu'est-ce qui est interdit ? »
– « Quelle est l'image du livre qui nous explique le mieux ce que le personnage aime surtout faire ? »
– Etc.

Le travail du langage ne peut être seulement occasionnel, il doit être **programmé avec rigueur.**

Préciser les objectifs
- Objectifs liés au lexique, à l'apprentissage de la syntaxe ou au développement des compétences transversales pour communiquer un message, une idée.
- Séances de langage identifiables dans l'emploi du temps.

Équilibrer les activités
- De réception ou d'écoute (en grand groupe ou en demi-groupes).
- De production (en petits groupes de quatre ou cinq enfants) pour réutiliser ce qui a été acquis.

DOC 26 À propos de la programmation des temps de langage

CINQ GRANDS DOMAINES D'APPRENTISSAGE 83

Des conseils

Des outils pour agir

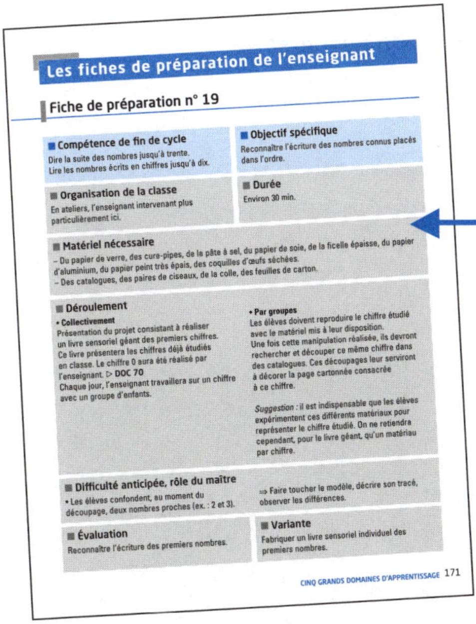

Les fiches de préparation de l'enseignant

Fiche de préparation n° 19

Compétence de fin de cycle
Dire la suite des nombres jusqu'à trente.
Lire les nombres écrits en chiffres jusqu'à dix.

Objectif spécifique
Reconnaître l'écriture des nombres connus placés dans l'ordre.

Organisation de la classe
En ateliers, l'enseignant intervenant plus particulièrement ici.

Durée
Environ 30 min.

Matériel nécessaire
– Du papier de verre, des cure-pipes, de la pâte à sel, du papier de soie, de la ficelle épaisse, du papier d'aluminium, du papier peint très épais, des coquilles d'œufs séchées.
– Des catalogues, des paires de ciseaux, de la colle, des feuilles de carton.

Déroulement
- **Collectivement**
Présentation du projet consistant à réaliser un livre sensoriel géant des premiers chiffres. Ce livre présentera les chiffres déjà étudiés en classe. Le chiffre 0 aura été réalisé par l'enseignant. ▷ **DOC 70**
Chaque jour, l'enseignant travaillera sur un chiffre avec un groupe d'enfants.
- **Par groupes**
Les élèves doivent reproduire le chiffre étudié avec le matériel mis à leur disposition. Une fois cette manipulation réalisée, ils devront rechercher et découper ce même chiffre dans des catalogues. Ces découpages leur serviront à décorer la page cartonnée consacrée à ce chiffre.

Suggestion : il est indispensable que les élèves expérimentent ces différents matériaux pour représenter le chiffre étudié. On ne retiendra cependant, pour le livre géant, qu'un matériau par chiffre.

Difficulté anticipée, rôle du maître
- Les élèves confondent, au moment du découpage, deux nombres proches (ex. : 2 et 3).

⇒ Faire toucher le modèle, décrire son tracé, observer les différences.

Évaluation
Reconnaître l'écriture des premiers nombres.

Variante
Fabriquer un livre sensoriel individuel des premiers nombres.

CINQ GRANDS DOMAINES D'APPRENTISSAGE 171

Des fiches de préparation

Partie interdisciplinaire

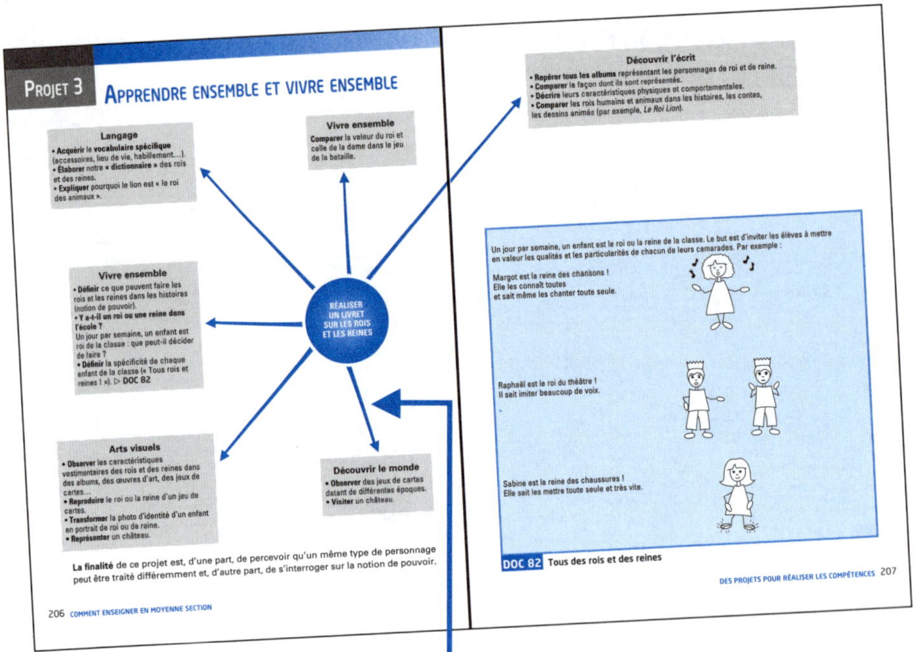
Projet 3

Apprendre ensemble et vivre ensemble

Langage
- **Acquérir** le **vocabulaire spécifique** (accessoires, lieu de vie, habillement…).
- **Élaborer** notre **« dictionnaire »** des rois et des reines.
- **Expliquer** pourquoi le lion est « le roi des animaux ».

Vivre ensemble
Comparer la valeur du roi et celle de la dame dans le jeu de la bataille.

Découvrir l'écrit
- **Repérer tous les albums** représentant les personnages de roi et de reine.
- **Comparer** la façon dont ils sont représentés.
- **Décrire** leurs caractéristiques physiques et comportementales.
- **Comparer** les rois humains et animaux dans les histoires, les contes, les dessins animés (par exemple, *Le Roi Lion*).

Vivre ensemble
- **Définir** ce que peuvent faire les rois et les reines dans les histoires (notion de pouvoir).
- **Y a-t-il un roi ou une reine dans l'école ?** Un jour par semaine, un enfant est roi de la classe : que peut-il décider de faire ?
- **Définir** la spécificité de chaque enfant de la classe (« Tous rois et reines ! »). ▷ DOC 82

RÉALISER UN LIVRET SUR LES ROIS ET LES REINES

Arts visuels
- **Observer** les caractéristiques vestimentaires des rois et des reines dans des albums, des œuvres d'art, des jeux de cartes…
- **Reproduire** le roi ou la reine d'un jeu de cartes.
- **Transformer** la photo d'identité d'un enfant en portrait de roi ou de reine.
- **Représenter** un château.

Découvrir le monde
- **Observer** des jeux de cartes datant de différentes époques.
- **Visiter** un château.

La finalité de ce projet est, d'une part, de percevoir qu'un même type de personnage peut être traité différemment et, d'autre part, de s'interroger sur la notion de pouvoir.

206 COMMENT ENSEIGNER EN MOYENNE SECTION

Un jour par semaine, un enfant est le roi ou la reine de la classe. Le but est d'inviter les élèves à mettre en valeur les qualités et les particularités de chacun de leurs camarades. Par exemple :

Margot est la reine des chansons !
Elle les connaît toutes
et sait même les chanter toute seule.

Raphaël est le roi du théâtre !
Il sait imiter beaucoup de voix.

Sabine est la reine des chaussures !
Elle sait les mettre toute seule et très vite.

DOC 82 Tous des rois et des reines

DES PROJETS POUR RÉALISER LES COMPÉTENCES 207

Des projets transversaux

PARTIE 1

La pédagogie au quotidien

Des réponses aux questions que vous vous posez

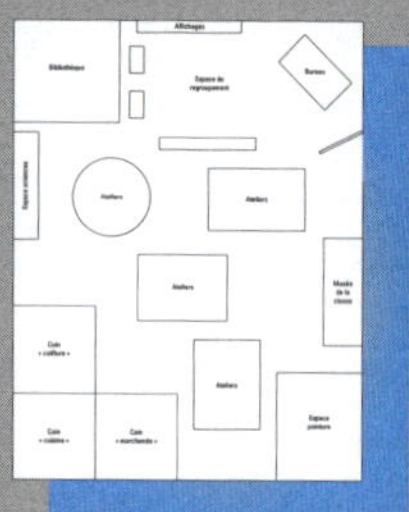

Aménager sa classe

Gérer le temps

Gérer une **classe multiâge**

Organiser l'activité des élèves

Apprendre ensemble et vivre ensemble

Comment **agir face à certains élèves** ?

Les **outils de l'enseignant**

Les **outils de l'élève**

Évaluer pour faire réussir

Des **acquisitions transversales**

AMÉNAGER SA CLASSE

Cinq conditions pour aménager sa classe

BO

« L'école maternelle est une école bienveillante, plus encore que les étapes ultérieures du parcours scolaire. Sa mission principale est de donner envie aux enfants d'aller à l'école pour apprendre, affirmer et épanouir leur personnalité. Elle s'appuie sur un principe fondamental : tous les enfants sont capables d'apprendre et de progresser. »

L'aménagement de la classe, de l'école, des espaces spécialisés doit donner à l'enfant de multiples occasions d'expériences sociales, motrices, culturelles, cognitives... L'aménagement matériel doit donc :

- Permettre aux élèves de **passer aisément d'une activité** collective à une activité individuelle ou de petit groupe, ce qui nécessite :
  – de réels **espaces de circulation** ;
  – une claire identification de la **fonction** de chaque espace, de ses **règles de fonctionnement** ;
  – une **proximité** du matériel et des repères avec la zone d'activité elle-même.
- **Favoriser les échanges.**
  – **À deux** : enfant/enfant ou adulte/enfant.
  – **En petits groupes** : pour les temps de travail organisés autour d'une activité structurée (par exemple, des groupes de langage) ou d'une activité identique (ateliers ou espaces jeux).
  – **En grand groupe** : l'espace regroupement sera traité avec le plus grand soin car c'est dans ces moments collectifs que passent la constitution du groupe classe et les principaux apports culturels, langagiers.
- **Équilibrer les zones** de jeux, d'activité dirigée, d'activité libre, d'éveil (scientifique, artistique, littéraire), de détente, de vie de groupe. ▷ **DOC 1**
- **Favoriser l'autonomie** des élèves tout en assurant, à tout moment, une bienveillante **surveillance**.
- **Associer** les élèves à :
  – l'**entretien** des espaces ;
  – leur **aménagement, réaménagement** ou **enrichissement** ;
  – à la **définition de la fonction** de chaque espace.

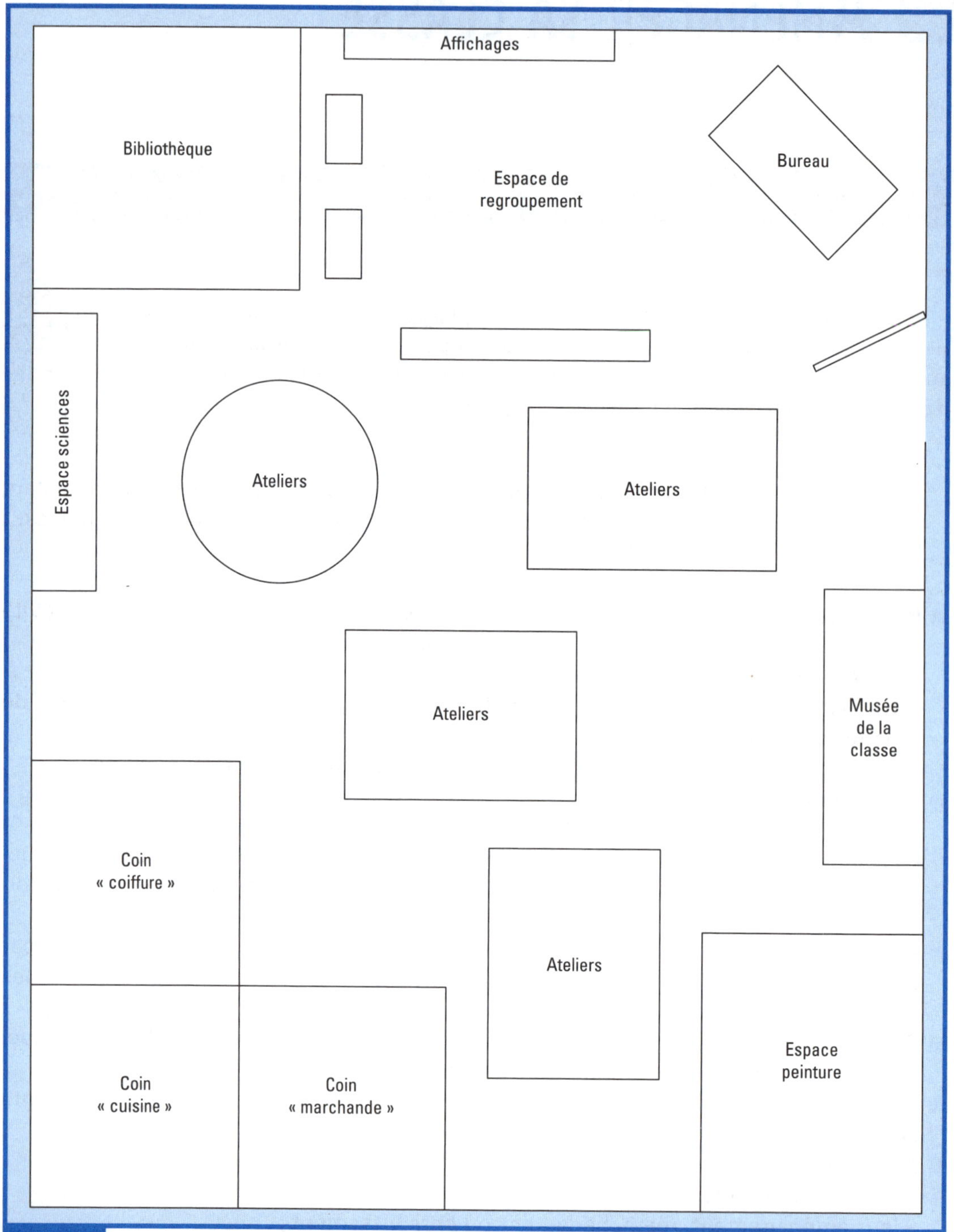

DOC 1 Plan possible de la classe

Les différents espaces

L'espace de regroupement

	INSTALLATION MATÉRIELLE	REPÈRES	OBJECTIFS
VIVRE ENSEMBLE	• Égalité d'installation des enfants : confort, visibilité des informations, de l'enseignant, des autres élèves. • La boîte à musique pour marquer le début ou la fin d'un temps collectif.	• Proximité des affichages concernant les règles de vie, le tableau des responsabilités, des présents/absents, les photos des adultes de l'école (animateurs, enseignants, Atsem, intervenants…) et leurs fonctions, les photos des enfants prises dans le cadre familial…	• Formuler les règles d'échange en grand groupe. • Définir les règles de vie en classe. • Analyser une situation-problème ou conflictuelle. • Recevoir les informations concernant la vie de la classe ou de l'école entière. • Créer le sentiment d'appartenance au groupe classe.
LANGAGE		• Proximité des affichages relatifs aux écrits de la classe (dictionnaire, prénoms, petits messages, comptines…), à la comptine numérique, à la structuration du temps, aux supports d'organisation du travail des élèves (tableau des ateliers).	• Élaborer des projets. • Enrichir la culture commune : contes, chants, poésies, comptines, saynètes. • Remémorer des expériences communes. • Présenter une expérience, un objet personnel (« Quoi de neuf ? »). • Analyser une production, une situation, des résultats. • Organiser le travail, présenter les ateliers. • Acquérir le vocabulaire de base.
CONSTRUCTIONS (GARAGE, MAQUETTES…)	• Jeux de type Duplo, Lego, cubes, etc., rangés dans des boîtes si possible fermées et empilables (déplacements et rangements facilités). • Personnages (Playmobil…), voitures, garage, maisons, éléments de paysage.		• Construire des parcours, des objets (avec ou sans modèle ou fiche technique). • Participer à des concours (faire la plus haute tour, construire une maison ou une ville, utiliser le maximum de pièces…). • Installer des saynètes et les faire jouer par les personnages.

L'espace bibliothèque

	INSTALLATION MATÉRIELLE	REPÈRES	OBJECTIFS
LIRE, SE CONSTRUIRE UNE PREMIÈRE CULTURE LITTÉRAIRE	• Banquettes, petite table, tapis confortable, coussins. • Table ou panneau d'exposition des ouvrages liés au sujet d'étude du moment. • Fond d'ouvrages variés s'enrichissant au cours de l'année. • Matériel audio (lecteur de cassettes ou de CD) avec écouteurs. • Claustra ou meubles pour isoler cet espace. • Albums de photos individuels, de la classe. • Imagiers collectifs.	• Proximité des affichages concernant le classement des livres, les règles d'utilisation du matériel d'écoute de cassettes, les règles de vie dans cet espace. • Tableau d'emprunt des ouvrages chaque semaine.	• Découvrir les nouveaux ouvrages. • Relire les ouvrages connus pour soi, pour les autres. • Consulter albums et imagiers. • Rechercher une information, une liste d'ouvrages liés à un thème, à un genre, à des personnages, à des lieux... • Classer les ouvrages et organiser la bibliothèque. • Découvrir la fonction et la spécificité de quelques types de support. • S'isoler pour un moment de calme ou de repos.

L'espace des sciences

	INSTALLATION MATÉRIELLE	REPÈRES	OBJECTIFS
OBSERVER, MANIPULER, EXPÉRIMENTER, COMPRENDRE	• Élevages, aquarium, plantations assurées par les élèves. • Nourriture, matériel de soin. • Instruments d'observation (loupes, baromètre...). • Carnet de bord de la classe. • Appareils techniques (jeux, lampes de poche, réveil, appareils ménagers, mécanismes divers...) à démonter, à remonter.	• Affichage des aliments propres à chaque espèce élevée en classe. • Fiches relatives aux plantations. • Fiches de montage des appareils ménagers. • Affiches relatives à l'hygiène de l'enfant (se brosser les dents, se laver les oreilles...) ou à sa sécurité (affiches existantes ou à réaliser par l'enseignant).	• Observer un élevage, un mécanisme, un élément naturel de façon libre ou orientée. • Manipuler instruments et objets. • Noter les caractéristiques, les changements. • Lire un carnet de bord. • Monter, démonter des appareils simples.

Les coins jeux d'imitation

	INSTALLATION MATÉRIELLE	REPÈRES	OBJECTIFS
LA MARCHANDE DE FRUITS ET LÉGUMES	• Meubles de présentation (verticaux et horizontaux) de la marchandise, boîtes de conserve, emballages, fruits et légumes (en plastique ou en pâte à sel), caisse, monnaie d'échange (fabriquée en classe), paniers, porte-monnaie...	• Panneau présentant le nom du magasin. • Affichettes des prix (1 à 10 €) et du nom des fruits et des légumes.	• Déterminer les règles de fonctionnement de l'espace. • Préparer le matériel nécessaire. • Fabriquer le matériel nécessaire (fruits, légumes, présentoirs, affichettes, monnaie...). • Ranger le matériel. • Nommer le matériel et le nom des rayons. • Évaluer le prix de chaque produit. • S'exercer aux règles d'échanges langagiers propres à cet espace (formules de politesse, expression des demandes, des réponses...). • Jouer librement ou en fonction d'un objectif précis (préparer la soupe, le petit déjeuner...). • Préparer ou lire une liste d'ingrédients.

	INSTALLATION MATÉRIELLE	REPÈRES	OBJECTIFS
LA CUISINE (À SITUER À PROXIMITÉ DU COIN « MARCHANDE »)	• Meubles de rangement (boîtes de conserve, emballages, fruits et légumes en plastique ou en pâte à sel, vaisselle de couleurs différentes pour 4 couverts, ustensiles et appareils de cuisine). • Petite cuisinière, réfrigérateur ou de grands cartons rigides imitant ces appareils. • Nappes, serviettes, bavoirs. • Petite table avec 4 chaises. • Rideaux. • Carrelage, ou papier peint, réalisé par les enfants (graphisme, collage, empreintes…).	• Le nom du coin. • Affiches illustrant les étapes des recettes réalisées en classe.	• Déterminer les règles de fonctionnement de la cuisine. • Préparer, ranger le matériel nécessaire. • Classer le matériel. • Nommer le matériel. • S'exercer aux règles d'échanges langagiers propres à cet espace (formules de politesse, expression des demandes, des réponses…). • Jouer librement ou en fonction d'un objectif précis (préparer le goûter, la soupe, le petit déjeuner…). • Apprendre à utiliser certains outils, ustensiles.
LE SALON DE COIFFURE	• Grand miroir, miroir grossissant, séchoir à cheveux. • Bigoudis, peignes, brosses, pinces, paire de ciseaux en plastique (ne coupant pas). • Table et casiers de rangement. • « Bac » à shampooing. • Grandes chemises protectrices. • Étuis de maquillage vides, flacons de laque, de parfum, vaporisateurs divers… • Perruques, têtes à coiffer, rubans, élastiques, barrettes… • Poupées coiffables.	• Photos de coiffures ou extraits d'albums de jeunesse. • Albums de jeunesse centrés sur le thème des coiffures. • Photos d'enfants coiffés par leurs camarades en classe. • Fiches techniques expliquant comment faire un chignon, une tresse.	• Classer le matériel. • Apprendre à le ranger. • Nommer le matériel. • S'exercer aux règles d'échanges langagiers propres à cet espace (formules de politesse, expression des demandes, des réponses…). • Jouer librement ou en fonction d'un objectif précis (préparer la coiffure de la reine du jour…). • Apprendre à utiliser certains outils. • Expliquer comment utiliser le matériel. • Réaliser certaines coiffures. • Lire et expliquer des fiches techniques très simples.

Les espaces de production

	INSTALLATION MATÉRIELLE	REPÈRES	OBJECTIFS
DESSIN	• Feutres, crayons, pastels, stylos, craies… • Supports de tailles, formes, textures différentes. • Plans horizontaux (table ou sol), piste graphique, proximité du tableau noir ou blanc. • Bacs de rangement. • Espaces d'affichage.	• Catalogue ou exposition de motifs graphiques variés (papiers, tissus, photos), de reproductions plastiques.	• Expérimenter outils, supports et médiums divers. • Expérimenter plusieurs techniques de dessin (main levée, frottage, empreintes…). • Exprimer, inventer des expériences vécues ou imaginaires. • Utiliser le vocabulaire permettant de décrire les actions et les productions.
COMPOSITIONS PLASTIQUES	• Matériaux divers à introduire de façon permanente (papiers, cartons, peintures…) ou progressive (terre, barbotine, pâtes variées…). • Petit matériel (ruban adhésif, paires de ciseaux, agrafeuse, pinceaux, éponges…). • Bacs de rangement. • Espaces d'affichage.	• Exposition de reproductions plastiques variées, de plusieurs illustrations d'un même sujet. • Fiches techniques de réalisation (pliages, jeux simples…). • Panneau de rangement des outils permanents.	• Utiliser les matériaux divers (papiers, pâte à sel, pâte à papier, terre, pâte à modeler, bois…). • Exploiter leurs ressources en vue de la fabrication projetée. • Résoudre, lors de la phase de réalisation, les difficultés dues à l'emploi d'outils, à la mise en œuvre de techniques… • Utiliser le vocabulaire permettant de décrire les actions et les productions.
MUSÉE DE LA CLASSE, COLLECTIONS PERSONNELLES	• Espace d'exposition, matériel permettant de mettre en valeur certains objets (cubes, tissus, papiers…). • Boîtes compartimentées pour les collections et espace de rangement.	• Règle d'utilisation de cet espace.	• Mettre en valeur des objets rares, anciens, des reproductions plastiques, des photos… • Conserver des objets personnels (photos, productions, matériaux…) considérés comme de petits « trésors ». • Apprendre parfois à les présenter, à les exposer au reste du groupe.

Gérer le temps

Concevoir un emploi du temps

Quelques données de chronobiologie à prendre en compte

- Réserver les moments reconnus comme favorables à l'activité intellectuelle – **milieu et fin de matinée et fin d'après-midi** – pour les apprentissages et les activités demandant **le plus d'attention et d'effort cognitif.**
- Occuper les moments reconnus comme **moins favorables** par des activités **d'entretien, d'éveil, par des contenus plus ludiques, plus socialisants.**
- Aménager le creux **d'après déjeuner.**
- Prévoir une période **d'accueil en début de journée.**

Deux types d'emploi du temps

Emploi du temps stable toute la semaine ▷ DOC 2

- Aide à structurer la journée.
- Intégration de toutes les activités quotidiennement.
- Respect plus rigoureux de l'emploi du temps.
- Activités fixes : ce sont les élèves qui passent d'une activité à l'autre.
- Favorise une forme d'autonomie car les élèves intègrent des repères.

Emploi du temps variable ▷ DOC 3

- Aide à structurer la semaine (chaque journée a sa spécificité).
- Nécessité d'un repérage régulier des éléments particuliers de la journée.
- Conduite de projets plus aisée car gestion du temps plus souple.
- Possibilité d'approfondissement d'un domaine d'activité.

Accueil

Chants, comptines
Présentation et préparation de la journée

Ateliers centrés sur les **apprentissages fondamentaux**

Récréation

Éducation motrice

Bilan de la matinée

Repas

Lecture d'un **conte**, puis temps d'écoute musicale

Ateliers centrés sur les **activités d'expression et de fabrication**

Récréation

Phase d'**apprentissage** : linguistique, mathématique, scientifique, artistique...

Espaces de jeux, jeux de société

Sortie

Périodes favorables aux apprentissages et aux activités demandant **le plus d'attention et d'effort cognitif.**

Les enfants se préparent à vivre leur nouvelle journée d'école.
« **Qui** est là ? »
« **Quel temps** fait-il ? »
« **Qu**'allons-nous faire aujourd'hui ? »
« **Où** agirons-nous aujourd'hui ? »
« **Avec qui** ? »
« **Comment** ? »

DOC 2 L'emploi du temps d'une journée

LUNDI	MARDI	MERCREDI	JEUDI	VENDREDI
Accueil				
Chants, comptines **Présentation et préparation** de la journée				
Ateliers de lecture, de graphisme, de langage, de mathématiques, de sciences				
Récréation				
Grande motricité	Activités **rythmiques**	Motricité avec petit matériel	**Grande motricité**	Jeux **d'opposition/coopération**
Bilan de la matinée				
Repas			**Repas**	
Lecture d'un **conte** puis temps d'**écoute musicale**			Lecture d'un **conte** puis temps d'**écoute musicale**	
Ateliers d'expression et de construction liés au **projet de la classe**			Ateliers d'expression et de construction liés au **projet de la classe**	
Récréation			**Récréation**	
Phase d'apprentissage collective : linguistique, mathématique, scientifique, artistique, sociale...			**Phase d'apprentissage collective :** linguistique, mathématique, scientifique, artistique, sociale...	
Espaces de jeux, jeux de société			**Espaces de jeux, jeux de société**	
Sortie des classes			**Sortie des classes**	

DOC 3 L'emploi du temps d'une semaine

Gérer le temps des activités

- Évaluer la **durée** des activités : tenir compte de la nécessité pour les élèves de disposer de temps pour explorer, pour essayer, pour faire des erreurs, pour réfléchir.

- **Éviter la succession rapide d'activités** qui n'ont parfois que peu de liens entre elles : préserver les temps nécessaires à l'approfondissement et aux réinvestissements.

- Réserver aux temps de récréation, aux passages aux toilettes, aux périodes d'accueil qui sont, par ailleurs, des temps éducatifs utiles, **leur juste place** : éviter qu'ils n'empiètent sur des temps d'activité structurée.

Ritualiser les transitions

Le passage d'une activité à une autre, le passage d'un temps collectif à un temps individuel ou de groupe présente parfois des difficultés : brouhaha, impulsivité, attente parfois longue. Il est donc nécessaire de préparer ces transitions qui vont conditionner l'entrée dans l'activité suivante. Comment ? ▷ **DOC 4**

- **Comptine** annonçant la fin de la période d'accueil et le passage au « Quoi de neuf aujourd'hui ? ».

- **Boîte à musique** déclenchant l'arrêt des ateliers, leur rangement et le passage vers une activité collective. Ce délai est progressivement intériorisé et permet aux enfants de s'organiser sans précipitation.

- **Théâtralisation du moment du conte** : on tire les rideaux, on allume une petite lampe, on se rapproche et on garde le silence une minute en observant la coulée de sable du sablier. On est enfin prêt pour écouter l'histoire.

- De retour de récréation, aménagement d'un court temps collectif pour recentrer son attention : **« le tour du propriétaire »** (yeux fermés, on déplace sa main sur les différentes parties de son corps).

UNE PÉRIODE DE MISE EN ROUTE

- Elle crée **une sorte de « sas »** entre la famille et l'école.
- Elle permet des échanges avec les parents (dans le cas d'un accueil en classe).
- Elle favorise les échanges entre l'enseignant et chaque enfant.
- Elle permet à l'enfant d'entrer progressivement dans la vie collective.
- Les activités sont libres ou semi-libres.

1. Je dis

◆ à la maîtresse
◆ au maître
◆ à l'Atsem
◆ à mes amis

2. Je mets mon étiquette pour

◆ l'appel
◆ la cantine
◆ la garderie

3. Je mets mes chaussons

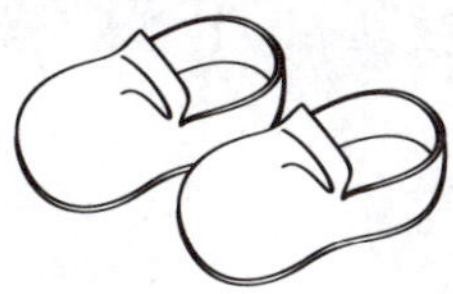

4. Je peux

jouer

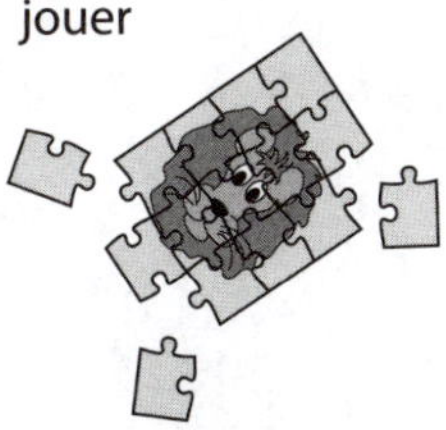

lire

dessiner

N.B. : Les pages de ce cahier contiennent les illustrations des activités auxquelles les enfants peuvent s'adonner.

DOC 4 **Organiser l'accueil du matin**

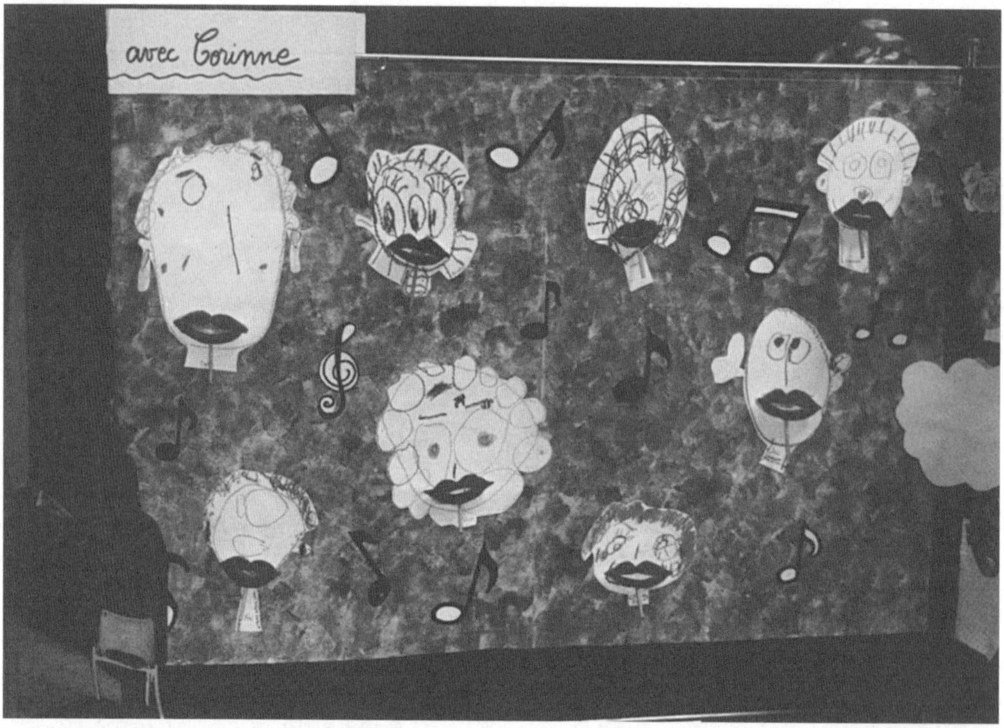
avec Corinne

On se régale avec Jean-Jacques

Gérer une classe multiâge

Définition

Classe regroupant des élèves d'âges différents, relevant de sections et de programmes différents.
En maternelle, une telle composition de classe est **très fréquente** en raison :
– soit de la taille de l'école ; plus l'école est petite, plus les classes à plusieurs niveaux sont fréquentes, ce qui parfois, de l'avis des enseignants, semble **complexe à gérer** (risque d'un nivellement par le bas, difficulté à satisfaire les besoins des uns et des autres...) ;
– soit du **choix** même des enseignants dont le souhait est de regrouper des élèves d'âges différents ; ce type de classe constitue alors un excellent levier pour la pratique de la pédagogie différenciée.

Quatre types de composition de classe

- Élèves d'âges proches : une différence d'âge de quelques mois sépare les élèves (classe composée d'enfants de **4 et 5 ans**).
- Élèves de plusieurs âges (classe enfantine regroupant des élèves de **2 à 4 ans**).
- Élèves de 3 ou 4 à 6 ou 7 ans, et jusqu'à 11 ans : **classe unique**.

La composition de telles classes doit faire l'objet d'une grande attention afin de parvenir à un réel équilibre entre les âges..., mais cela n'est pas toujours possible.

Comment s'organiser pour répondre à leurs besoins ?

Situation la plus simple : les deux niveaux étant équilibrés, il convient de répartir les temps d'intervention.
Situation la plus complexe : les deux niveaux sont déséquilibrés.
– La GS est majoritaire : le rythme adopté est celui de la GS, les MS sont tirées vers le haut, mêmes activités pour l'essentiel avec différence du niveau d'exigence.
– La MS est majoritaire : risque que les GS soient un peu « oubliés », autonomisation par nécessité.

- Repérer les **activités qui peuvent être communes** entre élèves d'âges proches.
  – Contes, comptines, chants, projets.
  – Éducation motrice avec prévision de relances plus complexes nécessaires aux élèves les plus âgés.
  – Jeux libres, accueil.
  – Activités plastiques, scientifiques (adapter le questionnement).

- Distinguer les **activités spécifiques**.
  – Lecture, graphisme, écriture, mathématiques : activités différemment ciblées.
  – Responsabilisation des plus âgés et développement du tutorat.

- **Matérialiser** les différences d'âge.
  – Distinguer le matériel personnel (cahiers, dossiers, trousse…) par une couleur différente selon l'âge.
  – Situer les référents didactiques dans des espaces d'affichage différents.
  – Affecter certains espaces de la classe aux activités de chaque âge.
  – Afficher les emplois du temps en parallèle en faisant apparaître les temps communs et les temps spécifiques.

- Identifier, dans l'**emploi du temps**, les moments spécifiques aux plus grands chaque jour.

Une telle hiérarchisation doit être rendue très perceptible pour les élèves eux-mêmes et pour leurs parents, à qui il faut expliquer les différents « programmes » d'activités. Par exemple, c'est l'enseignant qui écrit le prénom des enfants de 3 ans, alors que les MS peuvent coller leur étiquette-prénom ou écrire en majuscule d'imprimerie.

L'avantage de telles classes est de **développer l'autonomie des élèves** à laquelle sera consacré un temps important en début d'année. On veillera alors que les élèves identifient clairement leur groupe d'appartenance (moyens ? petits ? grands ?), qu'ils comprennent l'organisation d'une journée de classe (moments où les activités sont communes ou différentes) et qu'ils reconnaissent leur matériel (couleur des cahiers, etc.). ▷ **DOC 5**

Quand j'ai fini mon travail

Je colle mon prénom.

Je mets la date.

Je le pose dans le casier de la maîtresse.

Je range mon matériel.

<u>Après, je peux</u> :

Choisir une autre activité calme.

Terminer un dessin.

Prendre un livre.

Écouter une histoire.

Jouer aux puzzles.

Aider un copain.

Section de PS-MS
Les enfants de MS peuvent, à certains moments, aider les plus jeunes.
Par exemple :
- mettre leur tablier de peinture ou leurs chaussures ;
- jouer à un nouveau jeu de société très simple ;
- expliquer une technique plastique simple ;
- présenter un album que l'enseignant leur a lu précédemment.

DOC 5 **Type d'affichage pour guider l'autonomie des élèves**

Organiser l'activité des élèves

Cinq conditions pour organiser l'activité des élèves

- **Clarifier ce qui relève** d'une approche collective, individuelle ou de groupe.
  - Collective : présentation d'un projet, définition de règles de vie, éducation physique...
  - Individuelle : bibliothèque, jeux...
  - Groupe : ateliers de mathématiques, groupe de langage...

- **Équilibrer** au cours de la journée le passage d'une activité **collective** à une activité **individuelle** ou **de petit groupe** (gestion du temps). ▷ **DOC 6**

- **Favoriser l'autonomie** des élèves et **les associer à l'organisation de leur travail.**

- **Distinguer les temps d'activités orientées, dirigées, des temps d'activités librement organisées**.

- Préciser **le rôle de l'enseignant** lors de ces différentes formes d'activités.

Un moyen pratique de répartir les élèves et de les familiariser avec le plan de la classe :

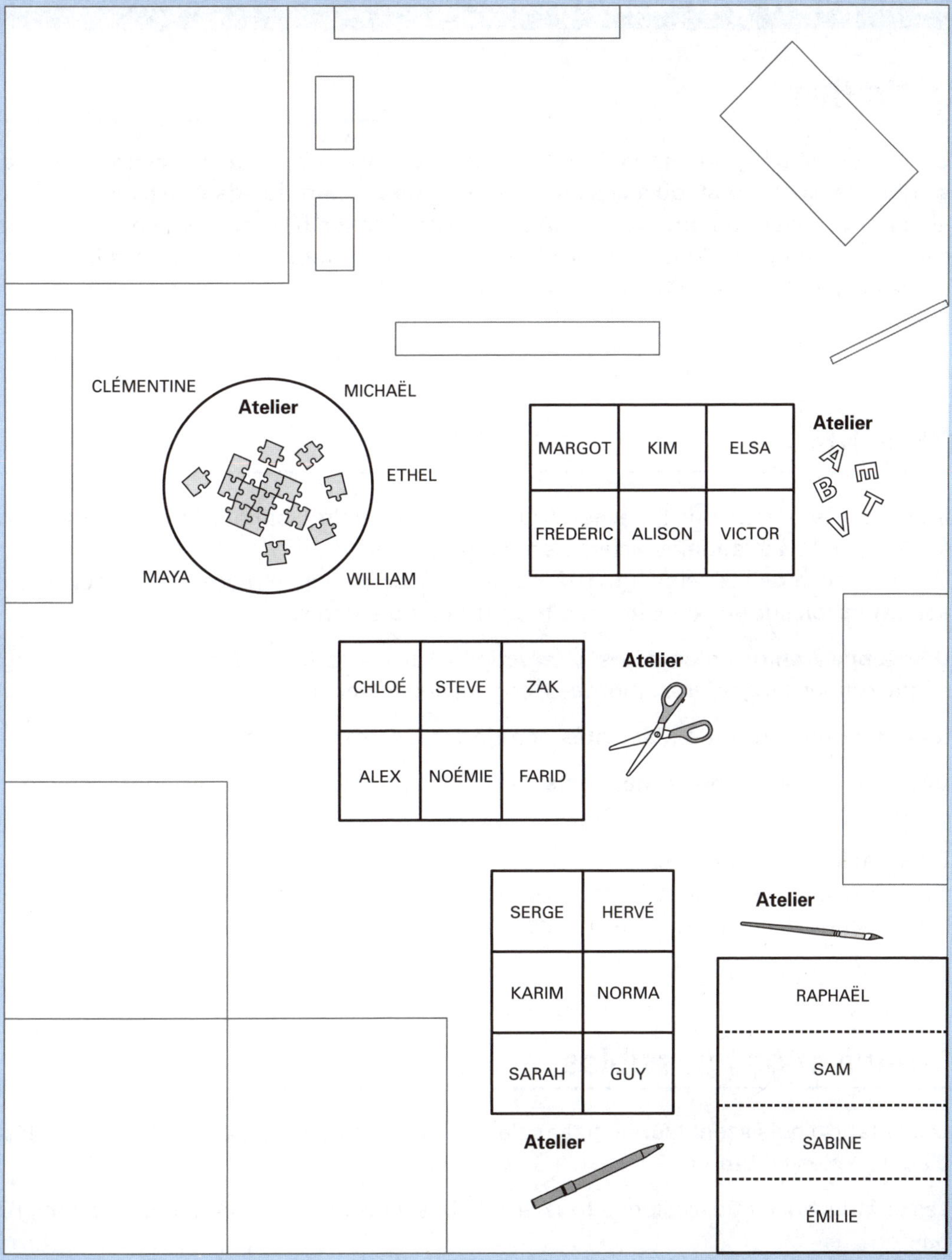

DOC 6 Répartir les ateliers

Le travail par ateliers

Définition

Un atelier est un groupement d'enfants qui s'adonnent à la **même tâche** (de niveau semblable ou différent) ou à des **tâches différentes** (répartition dans le cadre d'un projet, tutorat, collaboration) avec un **objectif de production** (élaborer ou réaliser quelque chose). À distinguer donc des coins « jeux » (jeux symboliques organisés librement) ou des activités dites « libres » (dessin, jeux...).

Objectifs

- **Matériel** : le nombre des élèves et la place disponible justifient le fait que tous ne s'adonnent pas à la même activité en même temps.
  Indisponibilité de l'enseignant vis-à-vis de tous les enfants et nécessité de **concentrer son attention** sur une activité ou sur un groupe d'enfants.
- **Développer**, entre enfants, les **interactions** liées à la taille des groupes : il s'agit d'interactions langagières, motrices, cognitives, affectives... ▷ **DOC 7**
- Introduire une **diversité d'activités** afin de préserver l'intérêt enfantin.
- **Développer l'autonomie** des enfants (leur apprendre à choisir leur activité, à s'organiser).
- **Différencier la pédagogie** :
  – en variant les entrées pédagogiques pour un même objectif ;
  – en ajustant l'activité aux besoins des élèves.

Organisations possibles

- Les enfants choisissent leur atelier : cela tient beaucoup à l'âge des enfants et au type d'atelier (plus **« libre »**).
- Les enfants doivent participer à tous les ateliers au cours de la semaine : rotation libre ou non.
- Les enfants doivent participer à un atelier en particulier **(groupe de besoin)**.

L'ENSEIGNANT PEUT :

- **Observer** l'activité, les échanges...
  L'observation des productions des enfants par l'enseignant est déterminante. Elle permet de repérer la façon dont ils entrent dans cet apprentissage, de comprendre leur évolution à un âge où les disparités sont importantes.

- **Guider** l'élève (démarche, but)
  L'enseignant aide ou guide l'enfant lorsque le besoin s'en fait sentir, il lui suggère des solutions nouvelles aux problèmes qu'il a posés, bref il interagit sans cesse avec lui.

- **Faire verbaliser** la démarche, les résultats, les critères
  L'enseignant le conduit à préciser ses gestes, à trouver les mots qui les accompagnent, à dire enfin ou à représenter ce qu'il a compris. L'enseignant lui montre qu'il est possible de décentrer son point de vue et il l'aide à se forger un début de pensée rationnelle.

- **Communiquer** les consignes
  Elles supposent donc, de la part de l'enseignant, un respect scrupuleux de l'organisation des espaces et du temps, une mise en place matérielle rigoureuse de chaque activité, une attention permanente à ce qui se passe dans la classe, un souci d'explicitation du vécu quotidien, une verbalisation simple et fortement ancrée dans son contexte.

- **Faire établir des relations** avec des acquis antérieurs
  L'enseignant accompagne l'enfant dans ses découvertes et sa compréhension du monde.

- **Enseigner** à un groupe d'enfants
  Pendant les activités, l'enseignant doit se situer au plus près du groupe d'enfants, au milieu d'eux si nécessaire, afin de pouvoir jouer pleinement son rôle d'incitateur, d'aide, de régulateur.

DOC 7 **Le rôle de l'enseignant**

Précautions

- **Une préparation claire** :
  - par l'enseignant avant la tâche (en début d'année ou pour les nouveaux ateliers) ;
  - par les élèves eux-mêmes avant la tâche (ce qui suppose que le matériel a été listé précédemment, que les enfants savent où il se trouve, etc.).

- **Une présentation claire** de l'atelier : travail autour de la présentation de la tâche, de la compréhension des consignes (**on donne la consigne ou on la fait déduire** par les élèves).

- **Le nombre d'ateliers et leur disposition dans l'espace** :
  - quatre ou cinq ateliers au maximum ;
  - visibles par l'enseignant de la place où il se trouvera ;
  - d'égal intérêt, même s'ils sont d'inégale difficulté ;
  - prévoir le nombre d'élèves par atelier (dépend de la nouveauté, de la difficulté, du matériel disponible) ;
  - équilibrer les ateliers (de découverte, de consolidation...).

- **Les informations données aux élèves sur** :
  - l'organisation des ateliers sur la journée, sur la semaine ;
  - le rôle et la disponibilité de l'enseignant ; ▷ **DOC 8**
  - les consignes relatives au bruit, au nombre d'élèves, au déplacement, à l'utilisation du matériel ;
  - le traitement de la consigne et de ce qui peut être fait après avoir achevé son travail.

« COMMENT ME RENDRE DISPONIBLE POUR UN GROUPE D'ÉLÈVES ? »

- Repérer l'atelier où je suis véritablement utile.
- Avoir parfaitement présenté le travail à tous les élèves.
- Leur donner les moyens (consigne, matériel, localisation de l'atelier, nombre et nom des élèves le fréquentant...) de s'adonner rapidement à la tâche.
- Lancer tous les ateliers avant d'engager le travail avec le groupe dont on s'occupe.
- Informer les élèves de ce qu'ils devront faire de leur production une fois leur travail achevé (date, écriture ou collage du prénom, rangement...).
- Informer les élèves de ce qu'ils pourront faire après, sans l'aide de l'enseignant.
- Informer les élèves de ce qu'ils ne pourront pas faire après (activité bruyante, sollicitation de l'adulte...).
- Rappeler les règles de fonctionnement permettant de ne pas déranger l'enseignant.
- Indiquer l'heure à laquelle ils pourront solliciter l'enseignant.
- Leur faire repérer le moment de la journée ou de la semaine où ils feront partie du groupe travaillant avec l'enseignant.
- Développer les collaborations entre enfants.
- Faire le point, après une séquence d'ateliers, sur la façon dont le travail et le respect des règles de fonctionnement se sont faits.
- Les aider à prendre conscience de leur autonomisation progressive et les en féliciter.

DOC 8 Fiche mémoire pour l'enseignant

La conception des ateliers

- Proposition d'une diversité d'ateliers dans des **domaines d'activités différents.** ▷ DOC 9
- Proposition de plusieurs ateliers dans le **même domaine.** ▷ DOC 10

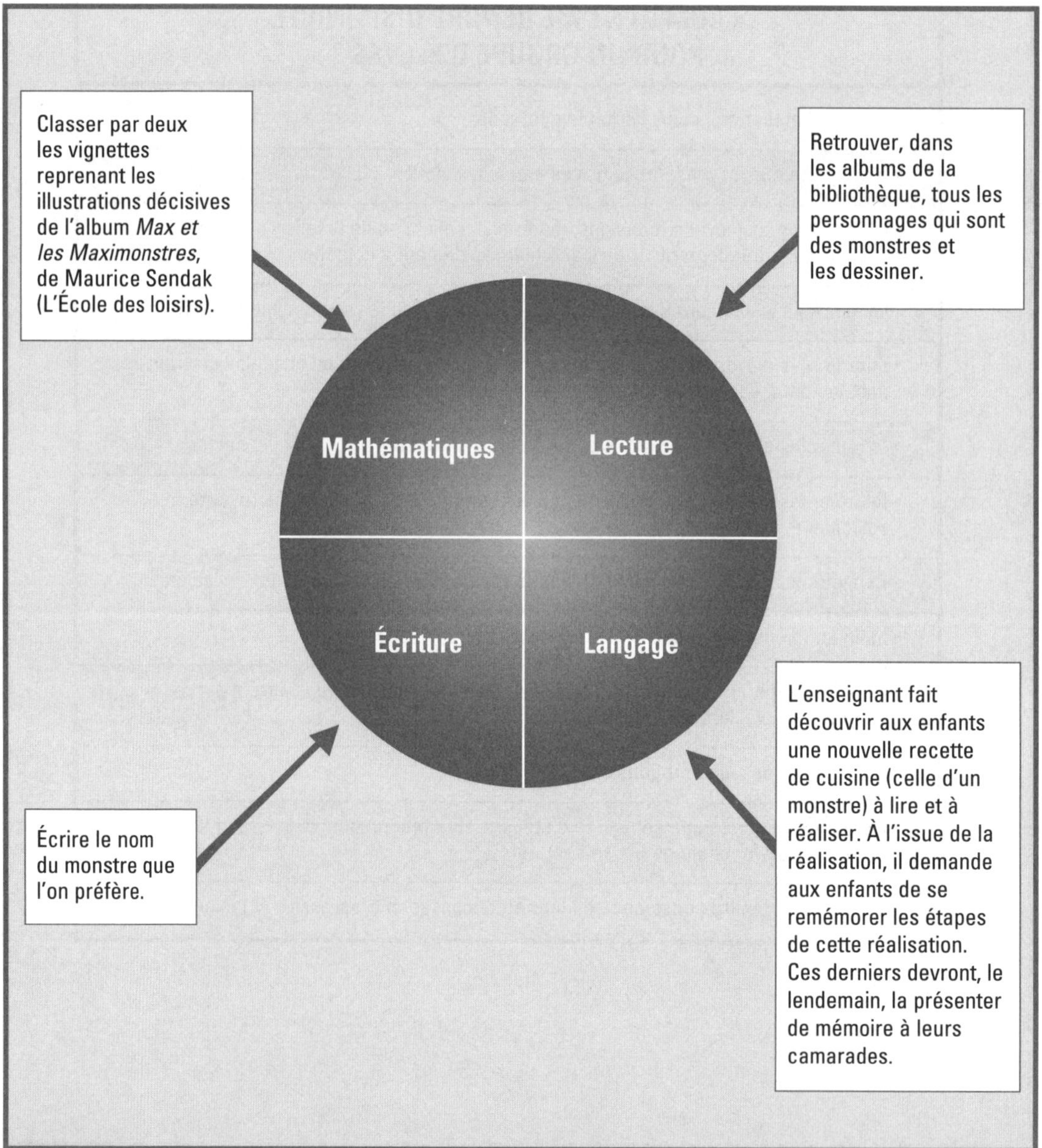

DOC 9 **Diversité des ateliers : des domaines différents**

Coller la silhouette d'un Maximonstre (au centre, à droite, à gauche, etc., de la feuille) et la contourner à l'aide de crayons noirs plus ou moins gras. **Colorier** ensuite le monstre.

Tracer les lignes droites avec des feutres très fins.

Tracer des droites à partir des différents points de la silhouette du monstre.

Contourner, à l'aide de traits, la silhouette du monstre.

Contourner, à l'aide de gros points, la silhouette du monstre.

Contourner le mot « MAXIMONSTRE ».

Les premières silhouettes seront réalisées avec de petits puis de plus gros points.

Les enfants doivent contourner le mot en respectant bien la forme des lettres et en changeant de couleur à chaque lettre.

Il conviendra, à la fin de ces ateliers, de comparer les résultats produits par ces différentes approches graphiques (« Il fait plus peur… », « On dirait qu'il tombe… »).

DOC 10 **Privilégier un domaine, le dessin : « Adapter son geste aux contraintes matérielles »**

APPRENDRE ENSEMBLE ET VIVRE ENSEMBLE

BO

« L'école maternelle structure les apprentissages autour d'un enjeu de formation central pour les enfants : « Apprendre ensemble et vivre ensemble ». La classe et le groupe constituent une communauté d'apprentissage qui établit les bases de la construction d'une citoyenneté respectueuse des règles de la laïcité et ouverte sur la pluralité des cultures dans le monde. C'est dans ce cadre que l'enfant est appelé à devenir élève, de manière très progressive sur l'ensemble du cycle. Les enfants apprennent à repérer les rôles des différents adultes, la fonction des différents espaces dans la classe, dans l'école et les règles qui s'y rattachent. »

Une école où les enfants vont apprendre ensemble et vivre ensemble

↓ **Se construire comme personne singulière au sein d'un groupe**

↓ **Comprendre la fonction de l'école**

APPRENDRE À VIVRE ENSEMBLE
Que chacun dispose des moyens d'expression et de communication pour agir sur son milieu.
• Qu'il ait une image positive de lui-même.
• Qu'il apprenne à respecter les autres, enfants et adultes.
• Qu'il puisse connaître les règles de l'école.
• Qu'elles puissent parfois être découvertes, voire améliorées par lui.
• Qu'il ait une perception claire de ses droits, de ses espaces d'intervention, de ses marges d'initiative.
Qu'il partage un certain nombre de valeurs.
Qu'il puisse agir sur son milieu en prenant sa juste part.
Qu'il exerce son autonomie corporelle, affective, intellectuelle.
Qu'il se sente appartenir à un groupe.

Se construire comme personne singulière au sein d'un groupe

« Se construire comme personne singulière, c'est découvrir le rôle du groupe dans ses propres cheminements, participer à la réalisation de projets communs, apprendre à coopérer. »

Cela suppose de :

Respecter les autres et respecter les règles de la vie commune.	• Jouer à des jeux de société nécessitant deux, trois puis quatre participants. • Installer le matériel en fonction des indications de l'enseignant et du nombre d'enfants. ▷ **DOC 12** • Résoudre des petites situations de partage des espaces et du matériel. • Identifier la fonction de chaque espace de la classe. ▷ **FICHE DE PRÉPARATION N° 1** • Élaborer des règles de vie pour l'utilisation de certains espaces : cour, bibliothèque.
Identifier les adultes et leur rôle.	• Nommer les différentes tâches de l'enseignant. • Connaître les noms et les classes des enseignants de l'école. • Nommer les métiers des différents adultes.

Réaliser le trombinoscope des enseignants de chaque classe

Observer chaque enseignant :

– le décrire ;

– le représenter.

Atelier de langage
Transmettre une règle de jeu.

Petites « situations-problèmes »

- Les Atsem ont trouvé trop de taches de colle sur la table. Comment faire ?
- Les puzzles se mélangent. Que faire ?
- Tout le monde veut aller au coin théâtre. Que faire ?

« Dans un premier temps, les règles collectives sont données et justifiées par l'enseignant qui signifie à l'enfant les droits (s'exprimer, jouer, apprendre, faire des erreurs, être aidé et protégé…) et les obligations dans la collectivité scolaire (attendre son tour, partager les objets, ranger, respecter le matériel…). »

Cela nécessite de savoir :

Écouter, aider, coopérer, demander de l'aide.	• Réaliser en groupes de deux ou de trois une construction collective. • Jouer à des jeux de société nécessitant deux participants. • Lister des occasions d'aider un camarade dans la classe ou dans l'école. • Distinguer les activités qui se pratiquent seul ou à plusieurs. • Définir comment assurer cette aide. • Trouver différents moyens d'informer les élèves absents de ce qui a été fait en classe. ▷ **DOC 11** • Respecter des règles simples de politesse. ▷ **DOC 13**
Éprouver de la confiance en soi, contrôler ses émotions.	• Oser prendre des initiatives, suggérer des idées. • Repérer ce que l'on sait faire et ce que l'on peut expliquer aux autres. ▷ **FICHE DE PRÉPARATION N° 2** • Formuler ce que l'on ressent (ex. : de la colère ou de la tristesse liée à un conflit).

Réaliser la maquette d'un quartier à partir du matériel suivant :
– bandes droites ou courbes (pour matérialiser les rues et les routes) ;
– des Legos, des Duplos, des cubes (pour réaliser les bâtiments et les ponts) ;
– des éléments de paysage ;
– des personnages.

- **1re étape :** réaliser librement cette maquette à plusieurs.
- **2e étape :** réaliser une maquette conformément à un modèle donné.

Décider de ce qui peut ou doit être transmis à notre camarade.

Exemples :

- Nous avons appris une nouvelle chanson.
- On voudrait l'inviter à un anniversaire.
- On connaît une nouvelle histoire…

Réponses :

- On lui écrit une lettre ?
- On lui téléphone ?
- On enregistre notre message sur une cassette ?

DOC 11 Quand un camarade est absent

Installer l'atelier « Mots croisés »

Le matériel

ciseaux colle

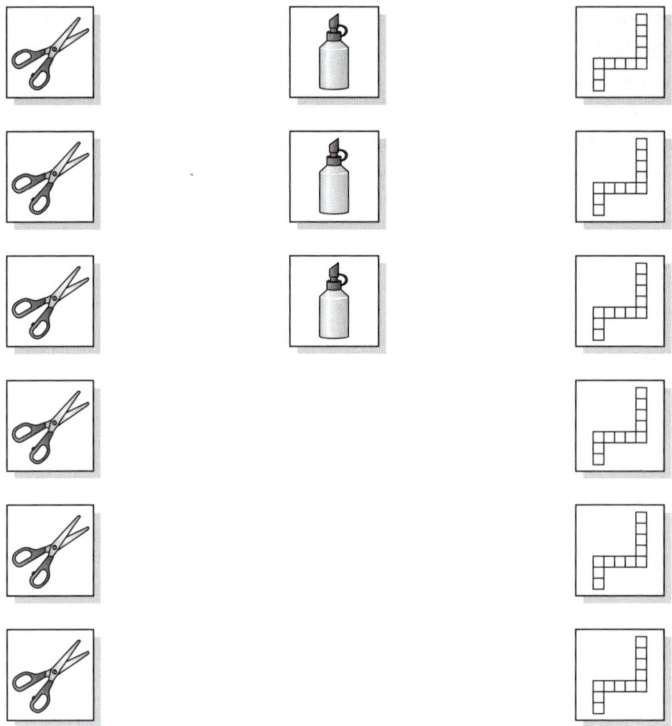

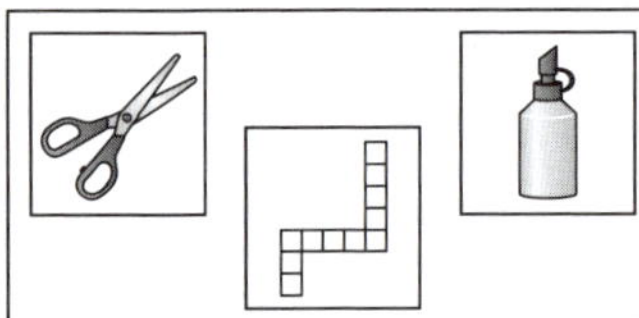		

DOC 12 **Comment prendre part à l'installation du matériel d'une activité ?**

Absents présents

Aujourd'hui, ... n'est pas avec nous.
Où est-il ? Que fait-il ?
Aujourd'hui, ... n'est pas avec nous.
Pourquoi d'après vous ?

Aujourd'hui, ... n'est pas avec nous.
Où est-elle ? Que fait-elle ?
Aujourd'hui, ... n'est pas avec nous.
Pourquoi d'après vous ?

La fusée d'école

1, 2, 3, tous copains,
bienvenue à l'école.

1, 2, 3, tous copains,
c'est ici qu'on rigole.

1, 2, 3, tiens-toi bien,
car la fusée décolle !

Présentation

Nous avons tous un nom, deux yeux, un nez
Mais dites vite votre nom, qu'on puisse continuer la chanson
Je m'appelle...
Nous avons tous un nom, deux yeux, un nez
Mais dites vite votre nom qu'on puisse continuer la chanson
Je m'appelle...

Pour apprendre à dire bonjour

Salut ! Salut !
Comment vas-tu ?

Bisous, bisous
Sur les deux joues

Je vais très bien
Serre-moi la main
Et maintenant
Ensemble parlons !

DOC 13 **Des comptines pour apprendre à vivre ensemble**

Comprendre la fonction de l'école

« L'école maternelle est le lieu où l'enfant se familiarise progressivement avec une manière d'apprendre spécifique ; celle-ci s'appuie sur des activités, des expériences à sa portée, mais suppose qu'il en tire des connaissances ou des savoir-faire avec l'aide des autres enfants et de l'enseignant. Le langage, dans la diversité de ses usages, a une place importante dans ce processus. L'enfant apprend en même temps à entrer dans un rythme collectif (faire quelque chose ou être attentif en même temps que les autres, prendre en compte des consignes collectives) qui l'oblige à renoncer à ses désirs immédiats. L'école maternelle initie ainsi la construction progressive d'une posture d'élève. »

Les enfants vont apprendre à :

Exécuter en autonomie des tâches simples et jouer son rôle dans des activités scolaires.	• Repérer les tâches collectives qui peuvent être assumées par les enfants eux-mêmes. • Assurer correctement une responsabilité : connaître ce qu'il faut faire ou ne pas faire, à quel moment et comment le faire… • Comprendre les consignes des activités et les conditions de leur réalisation.
Dire ce qu'on apprend.	• Connaître la finalité de quelques activités scolaires : le langage, l'initiation à l'écrit, l'EPS… • Connaître quelques critères de réussite d'une activité : ranger le matériel, recopier son prénom… • Apprécier ses progrès (aide de l'adulte, début d'auto-évaluation) en EPS, en peinture…

Les fiches de préparation de l'enseignant

Fiche de préparation n° 1

Domaine
Comprendre la fonction de l'école.

Objectif spécifique
Identifier la fonction de chaque espace de la classe.

Organisation de la classe
Si possible, installation matérielle des enfants à proximité de l'espace étudié.
Si cela n'est pas possible en collectif, conduire cette activité en petit groupe de 8 élèves.

Durée de l'activité
2 × 15 min pour la découverte à deux moments différents de l'année.

Matériel nécessaire
– Dispositif d'enregistrement.
– Panneau d'affichage.
– Papier, crayons, feutres…

Déroulement
La finalité de cette activité est de rendre les élèves conscients des ressources de cet espace qu'est un coin jeux et des règles s'y rattachant. Il sera utile de programmer à nouveau cette activité quelques jours ou quelques semaines plus tard pour faire un bilan (« Y a-t-il d'autres activités que l'on peut faire dans cet espace ? »).

• **Collectivement ou en petits groupes**
– Procéder, dans un premier temps, à l'inventaire du matériel disponible.
Consignes : « Qu'est-ce que vous faites au coin marchande ? Comment jouez-vous ? Qu'est-ce qui manque pour jouer encore mieux ? »
Ces questions seront introduites progressivement.
– Inciter les élèves à préciser de quelles manières ils utilisent le matériel et à expliquer leurs scénarios de jeu symbolique. Les inviter à dire comment ils parlent dans ce coin (insister sur les formules de politesse, sur la façon d'exprimer correctement une demande…).
– Faire le point de ce qu'il est possible ou non de faire dans cet espace.

Difficultés anticipées, rôle du maître
• Les élèves ont du mal à expliciter leurs jeux.
⇒ L'enseignant décrit un scénario qu'il a observé en classe dans cet espace.

Évaluation
• Espace mieux utilisé.
• Règles d'échange mises en application.

Prolongement
Tirer parti de ce travail pour découvrir d'autres coins jeux ou d'autres espaces d'activités.

Fiche de préparation n° 2

Domaine
Comprendre la fonction de l'école.

Objectif spécifique
Repérer ce que chacun peut apporter au groupe :
« Nous sommes tous des rois et des reines. »

Organisation de la classe
Collective.

Durée de l'activité
Quatre séances collectives de 15 min chacune.

Matériel nécessaire
– Photos des enfants de la classe.
– Feuille blanche grand format par élève.

Déroulement
Dans le cadre du projet « Rois et reines », mettre en évidence que chaque enfant a un domaine de spécialité, une qualité majeure qui le caractérise. Une telle approche contribuera à faire connaître chaque enfant au reste de la classe, à le valoriser à ses yeux et aux yeux de ses camarades et à créer le sentiment d'appartenance à un groupe.

• 1re séance : collective
– Désigner un enfant et attirer l'attention sur l'une de ses qualités majeures. Associer les autres enfants au repérage de cette qualité.
Exemple :
« J'ai vu que Margot est la reine des chaussures. Pourquoi ? »
Réponses :
« Parce qu'elle a de belles chaussures. » « Non. »
« Parce qu'elle met ses chaussures toute seule, comme une grande. » « Oui. »

– Désigner alors d'autres enfants ; la recherche de sa principale qualité se fera alors avec l'aide des autres élèves.
Il sera nécessaire, pour cette première séance, de s'intéresser à des élèves pour qui le repérage de la qualité est facile.

• Autres séances collectives
Rappeler la consigne, les causes et les qualités mises en évidence. Présenter des photos des enfants dont on étudiera les qualités.

Difficultés anticipées, rôle du maître
• Les élèves ont du mal à trouver la qualité d'un élève agressif ou très timide.

⇒ L'enseignant fait alors la proposition et fait rechercher dans quelles situations on peut se rendre compte que l'enfant dispose d'une telle qualité.

Évaluation
• Changement de l'attitude de certains enfants.
• Développement de l'entraide entre enfants.

Prolongements
• Repérer les situations où telle qualité d'un enfant est utile.
• Rechercher la principale qualité d'un personnage de conte ou d'album.

Proposition de programmation annuelle

<table>
<tr><th></th><th>1er TRIMESTRE</th><th>2e TRIMESTRE</th><th>3e TRIMESTRE</th></tr>
<tr><td>COMPRENDRE LA FONCTION DE L'ÉCOLE</td><td>• Installer le matériel en fonction des indications de l'enseignant et du nombre d'enfants.
• Identifier la fonction de chaque espace de la classe.
• Connaître les noms et les classes des enseignants de l'école.</td><td>• Résoudre des petites situations de partage des espaces et du matériel.
• Jouer à des jeux de société nécessitant deux, trois puis quatre participants.
• Nommer les différentes tâches de l'enseignant.</td><td>• Élaborer des règles de vie pour l'utilisation de certains espaces : cour, bibliothèque…
• Nommer les métiers des différents adultes.</td></tr>
<tr><td rowspan="2">SE CONSTRUIRE COMME PERSONNE SINGULIÈRE AU SEIN D'UN GROUPE</td><td>• Distinguer les activités qui se pratiquent seul ou à plusieurs.
• Définir comment assurer une aide.
• Respecter des règles simples de politesse.
• Oser prendre des initiatives, suggérer des idées.</td><td>• Jouer à des jeux de société nécessitant deux participants.
• Lister des occasions d'aider un camarade dans la classe ou dans l'école.
• Repérer ce qu'on sait faire et ce qu'on peut expliquer aux autres.</td><td>• Réaliser en groupes de deux ou de trois une construction collective.
• Trouver différents moyens d'informer les élèves absents de ce qui a été fait en classe.
• Formuler ce qu'on ressent (ex. : de la colère ou de la tristesse liée à un conflit).</td></tr>
<tr><td colspan="3">• Repérer les tâches collectives qui peuvent être assumées par les enfants eux-mêmes.
• Assurer correctement une responsabilité : connaître ce qu'il faut faire ou ne pas faire, à quel moment et comment le faire…
• Comprendre les consignes d'activités et les conditions de leur réalisation.
• Connaître la finalité de quelques activités scolaires : le langage, l'initiation à l'écrit, l'EPS…
• Connaître quelques critères de réussite d'une activité : ranger le matériel, recopier son prénom…
• Apprécier ses progrès (aide de l'adulte, début d'auto-évaluation) en EPS, en peinture…</td></tr>
</table>

COMMENT AGIR FACE À CERTAINS ÉLÈVES ?

Certains comportements d'enfants désarçonnent les enseignants qui se sentent alors parfois remis en cause dans leur rôle, leur autorité, ou qui ne trouvent pas le bon chemin pour engager une relation constructive. Les comportements difficiles manifestés par quelques élèves agressifs, désobéissants, passifs, agités, etc. constituent une préoccupation quotidienne pour l'enseignant, rendant ainsi sa tâche plus difficile.
S'il est peu aisé d'enseigner à ces jeunes élèves, il demeure de la responsabilité des enseignants de les aider à contenir, maîtriser ces comportements pour effectuer les apprentissages nécessaires.

Quelques préalables

- Développer de **bonnes relations** avec les élèves, une attitude d'écoute et de respect.
- Créer des **situations d'apprentissage motivantes et adaptées** qui ne laisseront place ni à l'ennui ni à l'agitation.
- Donner des **consignes simples**, claires, directes, courtes, suivies d'un temps raisonnable d'intégration par l'élève. Ne donner qu'une consigne à la fois.
- Éviter les **excès de verbalisation**, les directives à la chaîne.
- Attirer l'attention de l'élève, l'appeler par son prénom, s'assurer que le **contact visuel** est bien établi.
- Donner des **limites claires**, réalistes, applicables. Faire régulièrement percevoir les conséquences qui leur sont appliquées.

Quelques réponses à des comportements difficiles

Nous vous proposons la présentation succincte de cinq comportements qui préoccupent souvent les enseignants, ainsi que quelques propositions de réponse.

L'enfant passif

- Il est en retrait lors des moments collectifs, prend peu la parole, se fait parfois bousculer par les autres.
- Il attend que l'enseignant le guide dans son travail, il ne prend pas d'initiative, etc.

Propositions

- Le laisser, du moins au début de l'année, observer, prendre ses marques.
- Respecter ses temps d'isolement.
- Le rassurer par le sourire, des regards encourageants, des gestes rassurants.
- Valoriser ses trouvailles.
- L'associer à un enfant meneur positif en motricité, lors des ateliers de langage, dans la cour de récréation.
- Inviter sa mère ou son père à participer à une sortie, encadrer une activité, présenter son métier.

L'enfant turbulent

- Il vit difficilement les moments collectifs : il s'agite, bouscule ses camarades, cherche le conflit, se lève.
- En motricité, il crie, passe devant les autres, peut se mettre en danger, etc.

Propositions

- Nécessité d'une proximité physique pour l'apaiser, le regarder, le toucher, lui sourire, le retenir.
- Lui confier des responsabilités en classe qui lui permettent de se déplacer sans déranger les autres (préparer le matériel des ateliers...).
- Lui faire jouer un rôle positif auprès des autres enfants : repérer dans quel domaine (même modeste) il est en réussite et valoriser cette réussite (par exemple, il sait très bien dessiner les voitures, il peut aider ses camarades...).
- Lui parler très doucement et lentement.
- Lui offrir de temps en temps une récompense (le droit de préparer la peinture avec l'enseignant...).

L'enfant anxieux

- Il a beaucoup de mal à accepter la séparation d'avec ses parents.
- Il hésite à prendre des risques en motricité.
- Il prend très peu d'initiatives.
- L'endormissement (s'il y a une sieste) est très difficile.
- Il est agressé par d'autres enfants.

Propositions

- Lui laisser le temps de se séparer de ses parents, parler de cette séparation, expliquer ce que vont faire ses parents, montrer quand ils vont revenir sur la frise du temps.
- Le laisser observer les autres enfants, le solliciter du regard, d'un sourire.
- Valoriser chaque petite prise de risque et noter, en sa présence, dans son cahier, chaque progrès.
- Être très attentif, en récréation, à l'attitude des autres enfants vis-à-vis de lui. Favoriser un tutorat avec un enfant de Grande Section.

L'enfant colérique

- Il s'approprie l'adulte, les jouets, les espaces.
- Il mord et griffe, trépigne si l'on ne satisfait pas ses caprices.
- En motricité, il crie, passe devant les autres, peut se mettre en danger…
- Il répond toujours « non » à l'enseignant.

Propositions

- Lui rappeler régulièrement, de manière ferme mais calme, les règles de vie de la classe :
  – lui faire percevoir ce qui se passera s'il continue (« Tu ne pourras pas toucher tout ce que j'ai apporté dans mon sac magique… ») ;
  – lui exprimer ce que vous ressentez (« Tu sais, j'ai beaucoup de colère. ») ou ce qu'un enfant ressent lorsqu'il agit ainsi (« Tu sais, Chloé est très triste lorsque tu prends toujours le vélo. ») ;
  – lui apprendre à distinguer ses émotions des actions qu'il commet au nom de ces mêmes émotions (« Je vois que tu es très fâché, mais je n'accepte pas que tu frappes ton camarade. Tu peux agir autrement ! »).
  Ces rappels doivent se faire en tête à tête afin d'éviter un sentiment d'humiliation.

- Lui confier la responsabilité d'aider les enfants un peu anxieux en grande motricité.
- Lire des histoires de conflits qui se règlent de différentes façons. L'inviter à redire, avec l'appui de l'album, ces histoires.
- Valoriser ses progrès dans le domaine du comportement, ses contributions à la vie de la classe.
- Valoriser ses progrès aux yeux de ses parents.
- Valoriser ses progrès aux yeux des autres enfants de la classe pour éviter qu'il ne s'enferme dans son rôle.

L'enfant qui prend toujours la parole

- Il parle beaucoup lors des phases collectives, sans lever le doigt, en se levant parfois pour parler.
- Il cherche à s'accaparer l'attention de l'enseignant qui n'arrive plus à gérer la circulation de la parole.

Propositions

- Nécessité d'une explicitation des règles de prise de parole dans un groupe.
- Utiliser une gestuelle pour le faire patienter pendant qu'un camarade s'exprime.
- Lui faire jouer le rôle du répétiteur (celui qui répète les principales idées émises).
- Le rendre responsable du « bâton de parole » ou du micro.

Les outils de l'enseignant

Les programmations annuelles

L'enseignant est régulièrement renvoyé à cette question : « Que vais-je faire durant l'année ? »
Avoir quelques idées, avoir envie de faire telle activité ou telle autre, ne fondent pas le travail d'une année. Cela aboutit la plupart du temps à une succession d'activités d'intérêt inégal, et dont la cohérence est parfois difficile à trouver.
Pour élaborer ses répartitions mensuelles ou trimestrielles, l'enseignant peut s'appuyer sur les **compétences de fin de cycle** qui indiquent clairement ce que l'élève doit avoir acquis à la fin de l'école maternelle et qui lui permettent d'aborder dans de bonnes conditions la Grande Section (puis le Cours Préparatoire). Ces compétences bornent donc les apprentissages à réaliser à l'école maternelle.
Comment en faire un véritable outil de travail ? En les utilisant comme base de réflexion et d'organisation du programme annuel.
Les nouveaux programmes proposent également des repères pour organiser la progressivité des apprentissages à l'école maternelle.

Comment procéder ?

→	→	→	→	→	→
S'assurer de la **compréhension** des compétences de fin de cycle.	Préciser si cette compétence s'élabore **tout au long du cycle** ou à partir de la **Moyenne Section**.	Dans le cas où elle se construit tout au long du cycle ou au moins sur deux classes, préciser les **différentes étapes d'apprentissage** (la **progression**).	Répartir ces différentes étapes et élaborer la **programmation** (*i.e.* ce qui sera traité chaque année ou durant l'année).	Décider de l'étape au cours de laquelle il faudra procéder à une **évaluation**.	Préciser les **modalités d'évaluation**.

Cette programmation ne peut être mise en œuvre sans être intégrée dans des **projets motivants** conférant à l'ensemble des activités prévues un niveau raisonnable de mise en cohérence **donnant sens aux apprentissages**. Ces projets ne sont pas choisis pour eux-mêmes, mais parce qu'ils vont permettre aux élèves de consolider leurs connaissances et d'en acquérir de nouvelles.
Ainsi le projet : « L'ours : doudou ou grosse bête ? » n'a de sens que parce qu'il permet de distinguer l'imaginaire du réel, ainsi que les différents supports de lecture : album de jeunesse, documentaire.

Les affichages

- Ils **accrochent le regard** de celui qui entre dans la classe (un nouvel élève, par exemple).
- Ils sont le **reflet** de la vie de la classe.
- Ils ont une **fonction de communication**.
- Ils **influencent** les attitudes et les habitudes des élèves.
- Ils aident à **structurer** et à **mémoriser**.
- Ils sont les **témoins** et la **mémoire de la vie de la classe**.

L'affichage institutionnel obligatoire

Il regroupe l'emploi du temps, la liste des élèves répartis par âge et par section, le règlement intérieur de l'école, les plannings d'occupation des salles communes, des consignes d'évacuation en cas d'incendie.
À afficher dès le début de l'année près du bureau de l'enseignant.

L'affichage didactique

Planification des apprentissages et mise en mots des projets de classe, il permet à l'élève de structurer sa représentation du travail effectué. Les différents écrits liés à la construction des apprentissages montrent le chemin parcouru par le groupe classe (textes, images, photos). Cet affichage fait l'objet d'un changement régulier, il n'est pas détruit mais stocké.
Privilégier les espaces accessibles à tous les élèves, situer les affichages là où ils seront utiles aux élèves, veiller à leur lisibilité et à leur présentation soignée.

- Règles illustrées de vie, d'utilisation des espaces et du matériel, tableau des responsabilités et d'appel, panneaux collectifs d'évaluation, etc. ▷ **DOC 15**
- Frise numérique, représentations et écriture des nombres.
- Calendriers divers, emploi du temps, horloge illustrée. ▷ **DOC 14**
- Tableau des ateliers, de la composition des groupes, règles d'organisation du travail.
- Textes des comptines, chants, petits textes mémorisés, alphabet illustré, classement des étiquettes-lexique de la classe.
- Affichages spécifiques aux différents espaces de jeux et d'activités.

L'affichage esthétique

Musée de la classe et support des réalisations des élèves, il contribue à l'éducation du regard, à l'acquisition d'une première culture artistique et à la découverte du patrimoine culturel. On y retrouve des reproductions d'œuvres d'art et les travaux valorisés des élèves.

Réfléchir à sa disposition en évitant toute accumulation insipide, le renouveler fréquemment.

Veiller à exposer au moins une production par élève (on peut imaginer que chacun dispose de son espace d'exposition (si les espaces disponibles le permettent...).

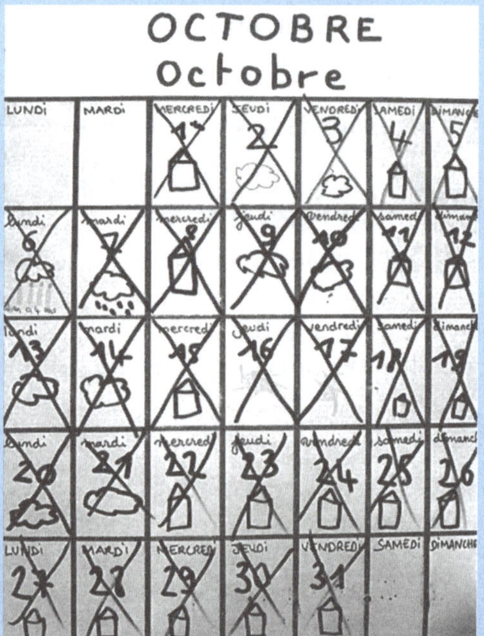

DOC 14 **Exemple de calendrier illustré**

Je mange à la cantine.

Frédéric	Clémentine	Léa
Victor	Rachid	Alex
Zak	Sarah	Frank
Albert	William	Sam
Marco	Fatimata	Mariel

Je mange à la maison.

Eva	Andrée	Kim
Rachel	Raphaël	Flore
Emir		Margot

DOC 15 **Où déjeune-t-on ?**

Les outils réglementaires

« Les bons outils font les bons ouvriers » : faire la classe, enseigner, prendre sa juste place dans la classe et au sein de la communauté éducative, tout cela ne s'improvise pas et nécessite une réflexion préalable sur les outils indispensables pour l'enseignant, qu'ils soient personnels ou réglementaires.

Le registre d'appel journalier

Ce cahier est fourni par l'école ; les enfants y sont inscrits par ordre alphabétique, avec le nom de la personne responsable à prévenir en cas d'urgence. Ce registre est à **compléter scrupuleusement chaque jour en notant l'absence de l'élève et en donnant la raison, médicale ou autre**.

L'emploi du temps

Des exemples d'aménagement de l'emploi du temps en Moyenne Section sont présentés dans le chapitre **« Gérer le temps »**, p. 24.

Les progressions

Entre le début et la fin de l'année, les élèves doivent acquérir un certain nombre de compétences ; cette acquisition doit s'inscrire dans une progression réfléchie, en fonction du niveau et des capacités des élèves de la classe.

Le journal de classe ou cahier-journal ▷ DOC 16

C'est à la fois un **guide** et une **mémoire**. C'est sur ce cahier qu'on **décrit le déroulement de la journée** en indiquant le titre et les grandes lignes du travail qui sera fait dans la journée. On note ainsi les remarques sur telle ou telle séquence, les événements marquants, les réflexions spontanées de tel élève, tout ce qui fait le canevas d'une journée. **Il ne se substitue pas à la préparation**, mais il est indispensable pour organiser la journée et permet de suivre la progression de la classe, de revenir sur un fait important. De plus, il est indispensable pour la personne susceptible d'effectuer un remplacement.

Vous pouvez compléter cette page de cahier-journal dont l'un des axes forts est, ici, l'exploration de l'album de David McKee, *Elmer* (L'École des loisirs).
Une telle présentation permet de visualiser avant, ou à l'issue de la semaine, les domaines d'activités plus ou moins abordés, ce que l'on peut compenser la semaine suivante.

	LUNDI	MARDI	MERCREDI	JEUDI	VENDREDI
Lecture **Langage** **Écrit**	• Décrire la couverture de l'album recouverte de caches successifs.	• Découvrir l'histoire à partir des illustrations et les commenter. • Recopier le nom du personnage.	• Restituer l'histoire oralement en s'aidant des illustrations.	• Écouter l'histoire dans le texte, puis la faire restituer par les élèves le plus fidèlement au texte.	• Rappeler les illustrations correspondant à un passage lu par l'enseignant. • Rechercher, dans la bibliothèque, les histoires qui se déroulent dans la jungle.
Espace **Formes et grandeurs** **Nombres**	• Reconstituer la couverture de l'album présentée sous forme d'un puzzle (il faut qu'il manque un morceau du puzzle).	• Colorier Elmer en respectant un algorithme couleurs.	• Tangram Elmer à partir de carrés et triangles de couleur.		
Biologie **Technologie**	• Identifier toutes les couleurs d'Elmer.	• Exprimer toutes les connaissances des enfants sur les éléphants.	• Comment les éléphants se protègent-ils de la chaleur ?	• Comparer Elmer à l'éléphant de notre petit documentaire.	
Ateliers de grande motricité **Petit matériel** **Jeux collectifs** **Expression corporelle**	• Imiter la démarche de l'éléphant.	• Jeu d'opposition « Le combat des éléphants » : faire sortir l'adversaire de la surface de combat.		• Se déplacer sur fond musical : Elmer est triste, gai…	
Éducation musicale **Arts visuels**	• Dessiner, par référence au modèle, le morceau du puzzle manquant.	• Reproduire Elmer et ses différentes couleurs. • Inventer un Elmer à rayures, à petits pois, à fleurs…	• Chants sur l'éléphant.	• Rechercher dans *Le Carnaval des animaux* de Saint-Saëns le morceau musical qui pourrait illustrer la démarche de l'éléphant.	

DOC 16 Une page de cahier-journal

La fiche de préparation

C'est un outil précieux permettant de **préciser les objectifs d'une séquence** et d'en **visualiser le déroulement**. Une préparation très soignée n'évite cependant pas toujours un obstacle imprévu, une piste intéressante soulevée par un élève, par exemple. ▷ DOC 17

Le livret d'évaluation des compétences

Conçu personnellement ou en concertation avec les autres enseignants du cycle, il est indispensable pour situer l'élève dans ses apprentissages par rapport aux compétences visées en fin de cycle. Il peut prendre la forme d'un livret, outil de communication avec la famille, ou celui d'un outil plus professionnel détaillant chaque compétence, élaboré pour assurer le suivi de l'élève et la cohérence pédagogique.

■ Compétence visée	■ Objectifs spécifiques
■ Organisation	■ Durée de l'activité
■ Matériel	
■ Déroulement de la séance **Consigne :**	
■ Difficultés anticipées, rôle du maître •	⇒
■ Évaluation	■ Remarques, prolongements, variantes

Cet exemple reprend les éléments incontournables d'une préparation. Cependant, il appartient à chacun de trouver la fiche de préparation dont la présentation lui convient le mieux, celle dans laquelle il se sent le plus à l'aise, dans la rédaction comme dans l'utilisation.
La fiche de préparation n'est pas un document immuable, c'est un outil précieux, indispensable et personnel.

DOC 17 Exemple de fiche de préparation

Les outils de l'élève

Les cahiers : supports d'apprentissage, outils de communication

- Les cahiers sont le **reflet de ce que l'enfant fait à l'école** : à ce titre, ils ont une fonction informative et rassurante pour les familles.

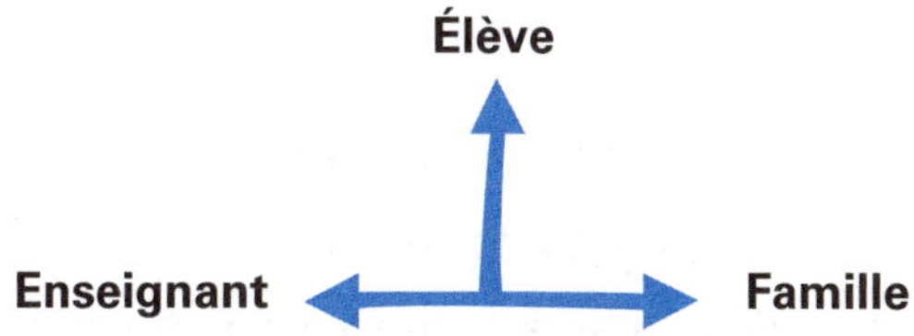

- Les cahiers ont une **fonction pédagogique** et **méthodologique**.
  Un cahier bien organisé aide à apprendre à structurer la pensée, à se repérer, à mémoriser : dès le cycle 1, savoir gérer un cahier, y laisser des traces, le soigner, y prendre des repères : tout cela s'apprend. L'enseignant doit consacrer du temps à l'élaboration d'une méthodologie adaptée (où et comment dessiner, comment coller, classer, ranger...).

Quels cahiers en section de Moyens ?

À vous de décider en fonction de vos choix pédagogiques.

Le cahier de liaison

Il informe régulièrement les parents.

- Une présentation simple du projet d'école, de cycle, de classe.
- Un éclairage pédagogique sur l'emploi du temps.
- Des demandes : goûter, vieux vêtements...
- Des annonces d'événements.
- Des demandes de participation à une sortie.
- Des informations sur l'enfant, des demandes de rendez-vous.

Le cahier de vie personnel de l'enfant

Il est centré sur l'**identité de l'enfant**. Ce cahier favorise les **relations** entre les parents, l'enfant et l'école. Il peut être complété par les parents et l'enfant, en famille.

- Quel est son prénom, son nom ? Quel est son âge ? Quelle est sa taille ?
- Qui sont ses amis ? Quelles sont leurs caractéristiques ?
- Où habite-t-il ?
- Comment se représente-t-il ?
- Comment se situe-t-il dans le groupe ?
- Comment se situe-t-il dans sa famille ?
- Quels sont ses goûts littéraires, culinaires, vestimentaires, ludiques... ?
- Quelles sont ses activités préférées ?

Ce cahier rend compte des composantes et des moments forts de la vie de la **classe**.

- Composition du groupe classe : photos des élèves.
- Adultes intervenants auprès des enfants : photo, nom, fonction.
- Animaux élevés en classe.
- Événements de la classe : anniversaires, sorties, visites, rencontres.
- Comptes rendus hebdomadaires ou mensuels des activités de classe.

Le cahier de progrès de l'enfant

Il est centré sur les **réussites de l'enfant**.

- Mise en évidence des progrès de l'enfant sous la forme de quelques phrases, du commentaire d'une production particulièrement réussie...
- Ces progrès portent sur tous les domaines d'activité. Ils donneront lieu ou non à une trace ; en l'absence d'une trace, un court témoignage rédigé par l'enseignant rendra compte de ce qui a été réalisé.
- Le point peut être fait toutes les semaines ou tous les mois.
- Il peut faire office de cahier d'évaluation (livret scolaire).

Le cahier de comptines, poésies et chants

- Les textes mémorisés correctement écrits.
- Leur illustration par un dessin, une image.
- Les créations réalisées en classe : jeux de mots, inventions de comptines ou de chants, inventions d'expression, échanges autour d'un mot, traces de jeux poétiques.
- Un texte choisi par l'enfant parmi une série de textes proposés (à distinguer des textes imposés).

D'autres petits outils…

- **Mon cahier des premiers nombres** : chaque nombre est illustré par l'élève. ▷ **DOC 18**
- **Mon cahier de jeux** : puzzles, jeux de construction, etc. sont illustrés et ordonnés, du plus simple au plus complexe.

Voici deux pages tirées d'un cahier :

DOC 18 Mon cahier des premiers nombres

ÉVALUER POUR FAIRE RÉUSSIR

Une seule règle : la réussite de tous

BO

« L'évaluation constitue un outil de régulation dans l'activité professionnelle des enseignants ; elle n'est pas un instrument de prédiction ni de sélection. Elle repose sur une observation attentive et une interprétation de ce que chaque enfant dit ou fait. Chaque enseignant s'attache à mettre en valeur, au-delà du résultat obtenu, le cheminement de l'enfant et les progrès qu'il fait par rapport à lui-même. »

Il existe en effet toujours un risque, à l'approche du passage à l'école élémentaire, de faire de l'évaluation un moyen de classer les élèves, de les référer à une norme et, parfois, de les placer précocement en situation d'échec. Une telle prudence est, certes, respectable. Il faut éviter cette dérive, mais doter malgré tout l'enseignant des outils de lecture des progrès enfantins et des moyens d'assurer la réussite de tous.

Les trois évaluations

Plusieurs rendez-vous marquent le déroulement de l'enseignement et finalisent l'**évaluation**. ▷ **DOC 19**

AVANT	PENDANT	APRÈS
Évaluation diagnostique	**Évaluation formative**	**Évaluation sommative**
• Repérer les « préacquis » par rapport aux compétences à maîtriser. • Identifier les principaux problèmes à résoudre.	• Mettre en valeur les éléments positifs et ceux à corriger. • Discerner les variables sur lesquelles il est possible d'intervenir.	• Repérer les réussites et les progrès.
État des lieux	**Bilan intermédiaire**	**Bilan final**
• Joue-t-il avec ses camarades ? • Reconnaît-il son prénom ? • Restitue-t-il la comptine numérique jusqu'à 6 ? • Etc.	• Il sait mettre ses chaussures tout seul. • Il n'ose pas sauter lors des ateliers de motricité. • Il utilise correctement sa paire de ciseaux.	• Il a mémorisé plusieurs prénoms de la classe. • Il sait raconter, à l'aide des illustrations, une histoire très simple. • Il sait identifier les formes géométriques. • Etc.

Consigne : « Colle une gommette dans chaque case. »

La production de l'enfant :
La consigne n'est pas totalement respectée, même si elle est comprise.
La phase collective d'analyse des productions en fin d'activité aidera l'enfant à repérer ce qu'il lui reste à faire.

Consigne : « Colle une gommette au bout de chaque bande. »

La production de l'enfant :
La consigne est parfaitement respectée.
La production de cet enfant pourra servir de support lors de la phase collective d'analyse des productions en fin d'activité, afin de permettre à d'autres enfants de situer leur propre production.

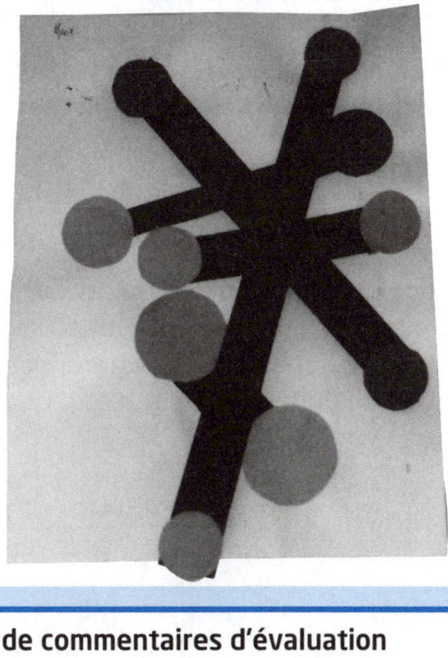

DOC 19 Exemples de travaux d'enfants éclairés de commentaires d'évaluation

Les objectifs de l'évaluation

Pour les élèves

- Pour qu'ils **prennent confiance en leurs possibilités** et qu'ils mesurent leurs propres progrès. ▷ DOC 20

Pour l'enseignant lui-même

- **Pour repérer** les compétences, les difficultés, les erreurs, les lacunes des élèves et pour **organiser** son travail, ses progressions, les activités des élèves.
- **Pour communiquer avec ses collègues de cycle 1.**

  Outils disponibles : **livret scolaire, cahier des réussites**...

Pour les parents

- Pour créer un **intérêt pour les progrès** de leur enfant, ce qui suppose que **chacun de ces progrès soit éclairé, commenté par l'enseignant**.

  Outil à créer : un **grand journal de la classe,** une exposition dans le hall de l'école ou dans le couloir proche de la classe, **illustrant chacune des compétences de fin de cycle**.

- **Pour solliciter leur coopération, leur contribution** (Comment peuvent-ils eux aussi contribuer au développement langagier de leur enfant ?), **leur patience** (leur faire comprendre en quoi tel apprentissage prépare aux apprentissages fondamentaux, en quoi telle difficulté peut n'être que passagère...).

L'enseignant propose à l'enfant de se souvenir de la consigne et de vérifiier s'il l'a, ou non, bien appliquée.

« J'ai dessiné deux enfants dans le cerceau.
J'ai dessiné un enfant sans sa maison. Il est tout seul. C'est bien. » Léo.

L'enseignant attire alors l'attention de l'enfant sur le cerceau en haut et à droite : un enfant est dessiné en dehors du cerceau.

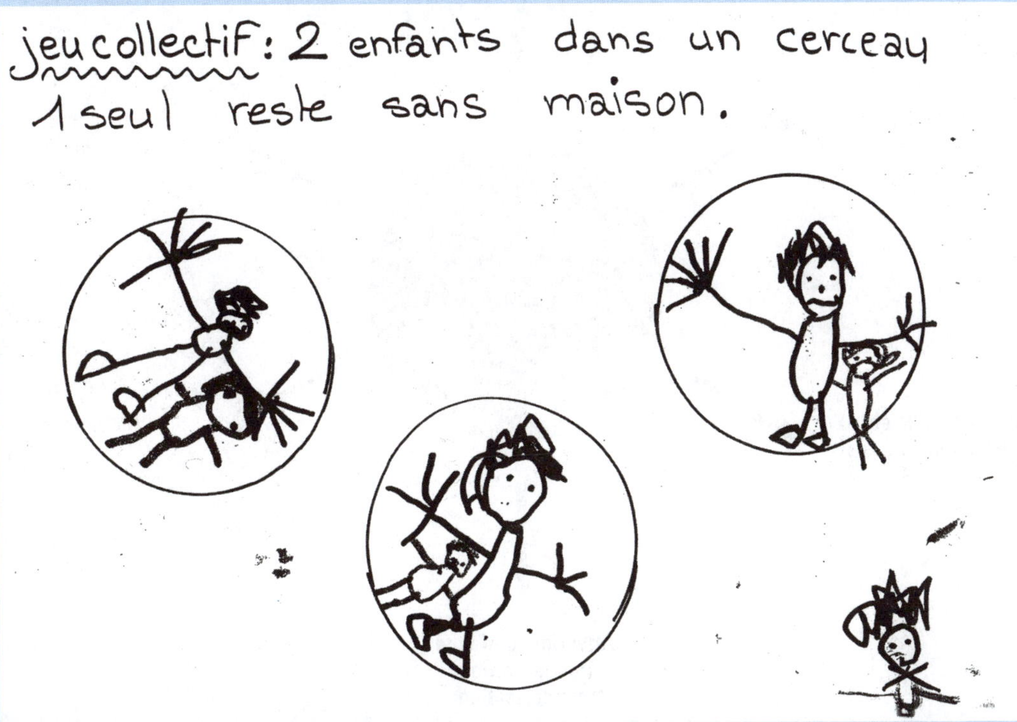

DOC 20 **Exemple de travail d'enfant éclairé de commentaires d'évaluation**

DES ACQUISITIONS TRANSVERSALES

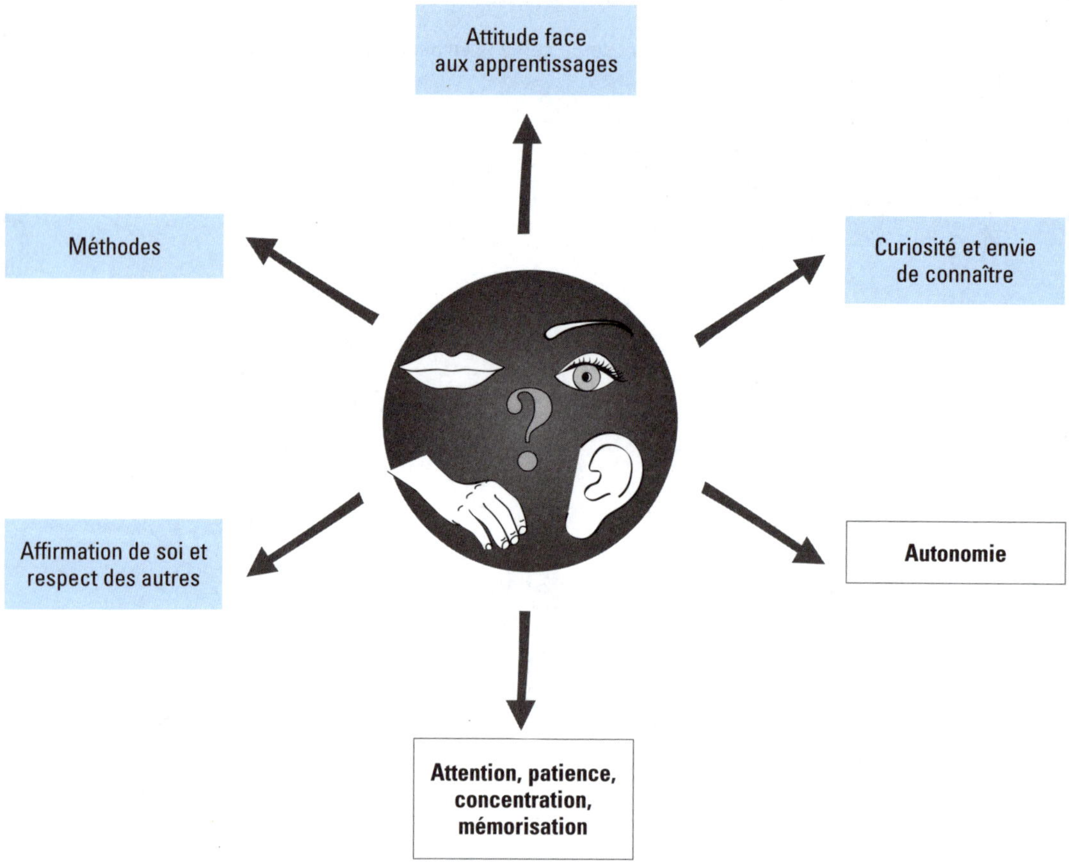

Développer l'autonomie des élèves

L'autonomie ne se décrète pas. Elle se conquiert progressivement grâce à l'aide de l'adulte qui sait se montrer présent au bon moment mais qui sait aussi prendre la juste distance pour que l'enfant agisse, décide, pense en toute sécurité et en toute indépendance.
Qu'est-ce qui facilite l'autonomie de l'élève en classe ?

La classe

- **Une classe structurée** : l'élève identifie clairement la fonction de chaque espace de jeu ou d'activité ; il sait nommer, utiliser et ranger le matériel propre à chacun de ces espaces.
- **Un espace sûr** dans lequel l'élève peut agir, expérimenter, jouer, se reposer, s'isoler, tout en restant placé sous la surveillance bienveillante de l'enseignant.

L'enseignant

- L'enseignant évite d'être omnipotent, omniprésent, et développe les interactions entre élèves.
- Il clarifie les tâches, les projets à réaliser, en particulier lors de la phase de transmission des consignes. ▷ **DOC 21**
- Il se pose toujours la question suivante avant d'agir : **« Qu'est-ce que je fais que les élèves auraient pu faire eux-mêmes ? »**

L'élève

Devenir autonome suppose :

- Qu'il ait **envie de grandir, de savoir.**
  Il faut donc :
  – valoriser ses progrès ;
  – faire le point régulièrement sur ce qu'il a appris et sur ce qu'il va encore apprendre.
  ▷ **DOC 22**

Le moment de transmission des consignes conditionne pour beaucoup l'**entrée de l'enfant dans la tâche**. Or c'est souvent un moment quasi bâclé car intervenant à la suite d'une séquence collective parfois assez longue.
Agir de façon autonome nécessite que l'élève ait la réponse, avant même d'agir, à un certain nombre de questions.
Ces questions **seront toujours les mêmes, posées toujours dans le même ordre**. C'est cette **systématisation** qui aidera l'élève à **intérioriser une procédure mentale** extrêmement utile pour la suite de sa scolarité.

1) Qu'est-ce que je dois faire ?

2) Par quoi je dois commencer ?

3) Comment réaliser cette tâche ?

4) Je dois faire attention à quoi ?

5) Qu'est-ce que je fais quand j'ai fini ?

Je trouve mon étiquette.

Les enfants disposent de plusieurs étiquettes-prénoms rangées dans une boîte à plusieurs tiroirs.

Je colle mon étiquette.

Margot

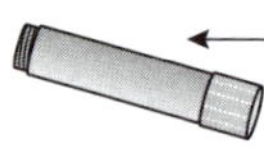

Veiller à ce que l'enfant colle son étiquette dans le bon sens.

Je recopie mon prénom.

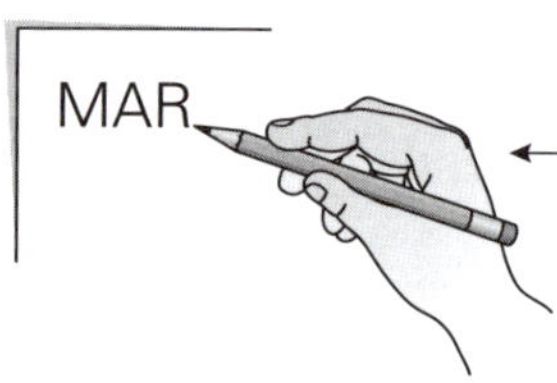

Insister pour que l'enfant recopie son prénom au dos du dessin.

Je mets la date.

13 octobre 2003

DOC 21 La transmission des consignes

- Qu'il se **représente les buts de l'apprentissage.**
  Il faut donc :
  – donner du sens à ce qu'il fait ou fera ;
  – l'aider à se projeter dans l'avenir (« Quand je serai grand… »).

- Qu'il **connaisse les aides** sur lesquelles il peut s'appuyer.
  – Quels sont les adultes, les autres élèves qui peuvent l'aider ?
  – Quels sont les outils auxquels il peut se référer et comment peuvent-ils l'aider ?

- Qu'il ait les **moyens de s'organiser.**
  Il faut donc lui donner les informations et les moyens d'agir seul à différents moments de la journée (ex. : Quels coins jeux sont ouverts ? Que faire lorsqu'on a fini son travail ? Comment réaliser une tâche ?…).

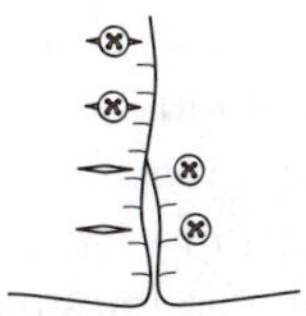 boutonner mon manteau.	 mettre mon bonnet, mon écharpe, mes gants.	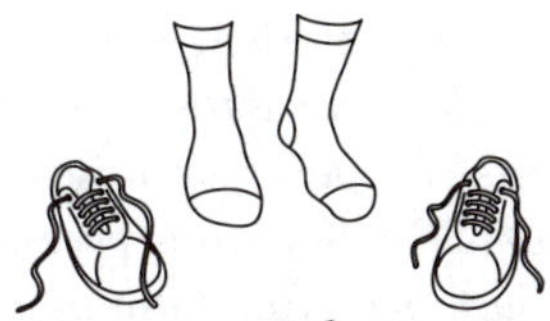 mettre mes chaussures à l'endroit.
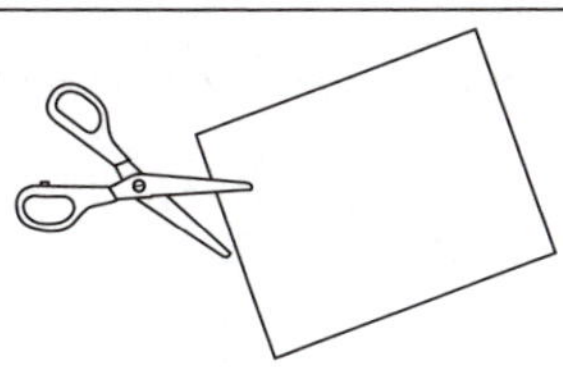 découper.	 coller mes dessins dans mon cahier.	 mettre mon tablier de peintre.
 écrire mon prénom.	______ ______	______ ______

Il est essentiel que des cases soient blanches pour inviter les enfants à identifier de nouveaux progrès.

DOC 22 **Je sais faire tout seul**

Apprendre à mémoriser

Ce que disent les instructions officielles

Apprendre en se remémorant et en mémorisant

BO

« Les opérations mentales de mémorisation chez les jeunes enfants ne sont pas volontaires. Chez les plus jeunes, elles dépendent de l'aspect émotionnel des situations et du vécu d'événements répétitifs qu'un adulte a nommés et commentés. Ces enfants s'appuient fortement sur ce qu'ils perçoivent visuellement pour maintenir des informations en mémoire temporaire, alors qu'à partir de cinq-six ans c'est le langage qui leur a été adressé qui leur permet de comprendre et de retenir.
L'enseignant stabilise les informations, s'attache à ce qu'elles soient claires pour permettre aux enfants de se les remémorer. Il organise des retours réguliers sur les découvertes et acquisitions antérieures pour s'assurer de leur stabilisation, et ceci dans tous les domaines. Engager la classe dans l'activité est l'occasion d'un rappel de connaissances antérieures sur lesquelles s'appuyer, de mises en relations avec des situations différentes déjà rencontrées ou de problèmes similaires posés au groupe. L'enseignant anime des moments qui ont clairement la fonction de faire apprendre, notamment avec des comptines, des chansons ou des poèmes. Il valorise la restitution, l'évocation de ce qui a été mémorisé ; il aide les enfants à prendre conscience qu'apprendre à l'école, c'est remobiliser en permanence les acquis antérieurs pour aller plus loin. »

Mémoriser, une activité complexe

« Les réactions des élèves en difficulté pour apprendre prouvent à l'évidence que les lieux communs affirmant que les enfants ont une mémoire très grande, qu'ils enregistrent tout quasi spontanément, que le cerveau est malléable, ne sont pas avérés. L'école a donc un rôle considérable à jouer, non seulement pour dispenser et faire acquérir par les élèves les connaissances sans lesquelles leur intelligence ne peut se développer, mais aussi pour leur apprendre à les mémoriser durablement. »

C. Mettoudi, A. Yaïche, *Travailler avec méthode*, Hachette Éducation.

Comment apprendre aux élèves à mémoriser ?

Apprendre à diversifier les moyens d'enregistrer une information

- En utilisant tous ses sens pour retenir l'information.
  Exemple : « À quelle image, à quelle odeur, à quel son, à quelle sensation tactile, à quel goût le mot "gâteau" me fait-il penser ? »
  Sur ce point, l'activité qui consiste à mimer, à rythmer une comptine, une chanson facilite la mise en mémoire du texte.

- En associant le mot, l'idée, la connaissance à d'autres mots, à d'autres idées, à d'autres connaissances connus des enfants.
  Exemple : « À quel animal, à quel objet de la cuisine, à quelles autres lettres me fait penser la lettre D ? »

▷ **DOCS 23 ET 24**

Répéter, rappeler, mobiliser régulièrement ce qui a été enregistré

Exemple : « Regardez les couleurs que Van Gogh utilise. Quels sont les tableaux ou les illustrations où il y a beaucoup de jaune ? »
Exemple : « Dans quelle autre histoire trouve-t-on un personnage avec qui personne ne veut jouer ? ».

Pour mémoriser ce qu'est un « séchoir », on incitera les élèves à se poser les questions suivantes :

Comment **est-il fait** ?

À quels mots me fait-il penser ?
Par quoi **commence-t-il** ?
Par quoi **finit-il** ?
De combien de lettres est-il formé ?

À quoi sert-il ?
Comment s'en sert-on ?
Où le trouve-t-on ?

Quand peut-on l'utiliser ?
Qui l'utilise ?

Quelles formes, quelles tailles, quelles couleurs peut-il avoir ?
À quelle forme me fait-il penser ?
De quelles **matières** est-il constitué ?

Qu'est-ce que **j'entends** ?
Qu'est-ce que **je sens** quand je le touche ?
À **quelle image** me fait-il penser ?

DOC 23 Pour mémoriser « séchoir »

• **Les Memorys**

Le matériel d'un espace « jeux » est représenté en double exemplaire sur de petites cartes.
Les enfants retournent deux cartes à la fois.
Gagne l'enfant qui retourne le plus de paires et qui sait les nommer.
Ce jeu peut évoluer en cours d'année et porter sur d'autres espaces de jeux, sur d'autres types d'activités (l'éducation motrice…).Il permet de consolider le lexique de base.

• **Les comptines**

Maman m'a dit
Vite, va chercher
six œufs
de l'huile
de la farine
et du chocolat
pour le repas

J'ai pris mon panier
Je me suis dépêché
Six œufs
de l'huile
de la farine
et du chocolat

Mais chez l'épicier
J'ai tout oublié
Il faut donc
Recommencer

Maman m'a dit
…

DOC 24 **Pour s'exercer à mémoriser**

PARTIE 2

Cinq grands domaines d'activités

Mobiliser le langage dans toutes ses dimensions

- Oser entrer en communication
- Échanger et réfléchir avec les autres
- Comprendre et apprendre
- Commencer à réfléchir sur la langue et acquérir une conscience phonologique
- Découvrir la fonction de l'écrit
- Écouter de l'écrit et comprendre
- Commencer à produire des écrits et en découvrir le fonctionnement
- Découvrir le principe alphabétique
- Commencer à écrire tout seul

L'ORAL

BO

« Le langage oral : utilisé dans les interactions, en production et en réception, il permet aux enfants de communiquer, de comprendre, d'apprendre et de réfléchir. C'est le moyen de découvrir les caractéristiques de la langue française et d'écouter d'autres langues parlées. »

Oser entrer en communication

Échanger et réfléchir avec les autres

Comprendre et apprendre

Commencer à réfléchir sur la langue et acquérir une conscience phonologique

Organiser les progressions

CE QUI EST ATTENDU DES ENFANTS EN FIN D'ÉCOLE MATERNELLE	OBJECTIFS INTERMÉDIAIRES

Oser entrer en communication

« L'objectif est de permettre à chacun de pouvoir dire, exprimer un avis ou un besoin, questionner, annoncer une nouvelle. L'enfant apprend ainsi à entrer en communication avec autrui et à faire des efforts pour que les autres comprennent ce qu'il veut dire. » ▷ **DOC 26**

CE QUI EST ATTENDU DES ENFANTS EN FIN D'ÉCOLE MATERNELLE	OBJECTIFS INTERMÉDIAIRES
Communiquer avec les adultes et avec les autres enfants par le langage, en se faisant comprendre.	• S'exprimer dans un langage mieux structuré, en articulant correctement. • Participer à un échange collectif en écoutant autrui et en attendant son tour de parole. ▷ **DOC 25** • Donner son avis sur ce qu'a dit un camarade ou l'enseignant. • Ajuster son propos pour se faire comprendre en fonction de questions ou de remarques. ▷ **DOC 29**
S'exprimer dans un langage syntaxiquement correct et précis. Reformuler pour se faire mieux comprendre. ▷ **FICHE DE PRÉPARATION N° 4**	• Décrire, questionner, expliquer en situation de jeu et dans les activités des divers domaines. ▷ **DOCS 27 ET 28** • Dire ou chanter une dizaine de comptines, chansons, poèmes avec une bonne prononciation. • Relater un événement inconnu des autres. • Inventer une histoire sur une suite d'images. • Faire des hypothèses sur le contenu d'un livre au vu de sa couverture et de ses illustrations. • Connaître quelques termes génériques (animaux, fleurs, vêtements…). Dans une série d'objets (réels ou sous forme imagée), identifier et nommer ceux qui font partie de la classe d'un générique donné. ▷ **DOC 35** • Produire des phrases de plus en plus longues, correctement construites. ▷ **DOC 37** • Utiliser avec justesse le genre des noms, les pronoms usuels, les prépositions les plus fréquentes. • Comprendre, acquérir et utiliser un vocabulaire pertinent (noms, verbes, adjectifs, adverbes, comparatifs) concernant : – les actes du quotidien, les activités scolaires, les relations avec les autres (salutations, courtoisie, excuses) ; – les récits personnels, le rappel des histoires entendues (caractérisation des personnages, localisation, enchaînement logique et chronologique). ▷ **DOC 36**

Jouer au jeu du portrait
Trouver l'objet visible ou caché, le personnage d'un album, le dessin réalisé par un enfant… en le décrivant précisément (pour celui qui fait deviner) ou en posant des questions (pour celui qui devine).

– J'ai le droit de parler. 

– Je ne parle pas quand un autre parle. 

– Je lève le doigt pour demander la parole. 

DOC 25 **Règles de prise de parole en classe**

Organiser des échanges en groupes restreints dans la classe.
Exemples :
– « Qu'est-ce qui vous fait rire ou peur au cirque ? »
– « Qu'est-ce qu'on a le droit de faire dans la cour ? Qu'est-ce qui est interdit ? »
– « Quelle est l'image du livre qui nous explique le mieux ce que le personnage aime surtout faire ? »
– Etc.

Le travail du langage ne peut être seulement occasionnel, il doit être **programmé avec rigueur**.

Préciser les objectifs
- Objectifs liés au lexique, à l'apprentissage de la syntaxe ou au développement des compétences transversales pour communiquer un message, une idée.
- Séances de langage identifiables dans l'emploi du temps.

Équilibrer les activités
- De réception ou d'écoute (en grand groupe ou en demi-groupes).
- De production (en petits groupes de quatre ou cinq enfants) pour réutiliser ce qui a été acquis.

DOC 26 **À propos de la programmation des temps de langage**

En **grand groupe** pour :
– assurer les référents communs ;
– l'imprégnation langagière (contes, chants, poésies...) ;
– l'élaboration et le suivi d'un projet.

Les moments collectifs doivent être limités dans le temps.
Ne pas les enchaîner à d'autres moments collectifs comme les rituels du matin : l'addition de ces différents moments collectifs diminue l'attention des jeunes enfants.

En **petit groupe** pour :
– oser parler ;
– apprendre les règles de prise de parole ;
– consolider ce qui a été fait en grand groupe ;
– préparer une synthèse ou une intervention en grand groupe ;
– travailler une difficulté particulière (apport de lexique, difficulté syntaxique...).

Certains jeux ou activités menés en groupe peuvent regrouper les enfants de façon aléatoire. En revanche, il sera nécessaire d'intervenir de manière régulière auprès de quelques enfants timides, mutiques, nouveaux arrivants... et d'adapter les activités proposées.

En **ateliers** pour :
– utiliser ce qui a été appris (lexique spécifique, syntaxe) ;
– apprendre à communiquer oralement.

L'atelier de langage est difficilement autonome à cet âge. Il nécessitera la présence d'un adulte. Il sera tout entier tourné vers l'utilisation, en situation de communication, des acquis enfantins.

En **relation duelle** pour :
– mettre en confiance et valoriser.

Chaque enfant doit se sentir vu, écouté, considéré comme une personne.
Chaque changement chez lui doit être constaté : un nouveau vêtement, une naissance dans sa famille...
C'est ainsi qu'il se sentira reconnu et encouragé à engager des échanges construits.

DOC 27 Les différentes organisations des temps de langage

Pour amener les enfants à disposer d'un capital lexical suffisant

Rechercher des situations favorisant la **découverte** puis l'**emploi** et le **réemploi des mêmes mots dans des contextes différents**.

On peut, par exemple, provoquer la rencontre du mot « feuille » dans différentes situations : une promenade dans la forêt (associations avec « arbre », « chute », « branches »), la collecte de feuilles de différentes tailles et formes (associations avec le noms des arbres), en arts plastiques (réalisation d'un arbre portant des feuilles différentes), etc.

Veiller à ce que, lors de l'apprentissage, ces mots ou expressions soient associés non à un seul, mais à plusieurs exemplaires de la **catégorie**, permettant à l'élève de **se construire une représentation catégorielle de la signification du mot ou de l'expression.**

Par exemple, si l'on souhaite faire acquérir le terme « coussin », il faudra présenter des exemplaires variés (en formes, en couleurs, en texture, etc.) de coussins et des situations d'utilisation différentes.

DOC 28 Conseils pour l'acquisition systématique de nouveaux mots

- Aider à complexifier l'énoncé par des **encouragements** :
  – non verbaux (regards, mimiques…) ;
  – verbaux (« Ah bon ? », « Pourquoi ? », « Tu crois ! », « Et alors… »).
- Aider à complexifier l'énoncé **en simulant l'étonnement, l'incompréhension ou en émettant des réserves**.
- **Reformuler** les énoncés enfantins.
- Reprendre les derniers mots et laisser **la phrase en suspens**.
- **Prolonger**, puis faire prolonger les énoncés enfantins par l'introduction de connecteurs logiques, temporels… Exemples :
  « Boucle d'or ne veut pas manger la soupe de Maman Ourse parce que… »
  « Elle a pris la cuillère pour… »
  « Elle s'est couchée dans le petit lit, mais… »
- **Questionner**.
  Poser des questions ouvertes aboutissant à des réponses construites pour :
  – obtenir une explication (« Comment sais-tu… ? ») ;
  – solliciter un avis (« Que penses-tu de… ? ») ;
  – provoquer une argumentation (« Pourquoi dis-tu que… ? ») ;
  – obtenir des informations (« Qu'est-ce que vous avez fait… ? »).

DOC 29 Comment conduire les enfants vers des énoncés plus complexes ?

CE QUI EST ATTENDU DES ENFANTS EN FIN D'ÉCOLE MATERNELLE	OBJECTIFS INTERMÉDIAIRES

Comprendre et apprendre

« Les discours que tient l'enseignant sont des moyens de comprendre et d'apprendre pour les enfants. En compréhension, ceux-ci « prennent » ce qui est à leur portée dans ce qu'ils entendent, d'abord dans des scènes renvoyant à des expériences personnelles précises, souvent chargées d'affectivité. Ils sont incités à s'intéresser progressivement à ce qu'ils ignoraient, grâce à l'apport de nouvelles notions, de nouveaux objets culturels et même de nouvelles manières d'apprendre.
Les moments de réception où les enfants travaillent mentalement sans parler sont des activités langagières à part entière que l'enseignant doit rechercher et encourager, parce qu'elles permettent de construire des outils cognitifs : reconnaître, rapprocher, catégoriser, contraster, se construire des images mentales à partir d'histoires fictives, relier des événements entendus et/ou vus dans des narrations ou des explications, dans des moments d'apprentissages structurés, traiter des mots renvoyant à l'espace, au temps, etc. Ces activités invisibles aux yeux de tout observateur sont cruciales. »

CE QUI EST ATTENDU DES ENFANTS EN FIN D'ÉCOLE MATERNELLE	OBJECTIFS INTERMÉDIAIRES
Pratiquer divers usages du langage oral : raconter, décrire, évoquer, expliquer, questionner, proposer des solutions, discuter un point de vue. ▷ **FICHE DE PRÉPARATION N° 5** Dire de mémoire et de manière expressive plusieurs comptines et poésies. Comprendre des textes écrits sans autre aide que le langage entendu. ▷ **DOCS 33 ET 34**	• Comprendre les consignes des activités scolaires, au moins en situation de face à face avec l'adulte. ▷ **DOC 31** • Écouter en silence un récit facile, mais plus étoffé que l'année précédente. • Dire des comptines et des poésies en respectant la prononciation, le rythme et le ton. • Comprendre une histoire racontée ou lue par l'enseignant ; la raconter, au moins comme une succession logique et chronologique de scènes associées à des images. ▷ **DOC 30**

Jouer des petites saynètes dans lesquelles les personnages adoptent des postures contrastées (enfant/maîtresse, agresseur/agressé, grand-père/enfant…) ou extraites d'histoires bien connues des enfants (le Petit Chaperon rouge rencontre le loup… les éléphants se moquent d'Elmer…).

Jeux de transmission de consignes

- En petit groupe, communiquer une consigne à un enfant. Celui-ci doit la souffler à l'oreille du suivant, et ainsi de suite. Le dernier doit exécuter la consigne.
- Transmettre une consigne à l'oreille d'un enfant qui devra l'exécuter en la mimant et la faire trouver aux autres enfants.
- Collectivement, faire trouver par les enfants la consigne d'un exercice simple déjà réalisé en leur montrant une production d'enfant. Choisir la meilleure formulation. ▷ **DOC 32**

Activités à partir des coins jeux

- Demander les ustensiles nécessaires pour préparer un gâteau.
- Ranger l'épicerie selon les indications de l'enseignant.
- Faire ranger par un camarade le coin déguisements.
- Identifier des objets sur des photos et dire dans quel « coin » de la classe ils se trouvent habituellement.

Ces vignettes pourront être utilisées pour explorer l'histoire d'un album de différentes façons : en racontant toute l'histoire ou en faisant parler les personnages.

DOC 30 **Pour explorer un album**

COMMENT TRANSMETTRE UNE CONSIGNE ?
• Donner une consigne à la fois, exprimée en des termes très simples mais précis, sur un débit assez lent, en s'assurant du contact visuel avec les enfants.
• Mimer, illustrer l'action à réaliser. La nommer.
• Montrer et nommer le matériel à utiliser. Montrer comment l'utiliser.
• Présenter parfois l'activité réalisée, son résultat final.

DOC 31 **La transmission des consignes**

Ce type d'exercices, malheureusement trop peu pratiqué en classe, est très utile et développe un certain nombre de compétences : acquisition d'un vocabulaire spécifique, compréhension des consignes et de l'enchaînement des actions, ainsi que des procédures et des routines.

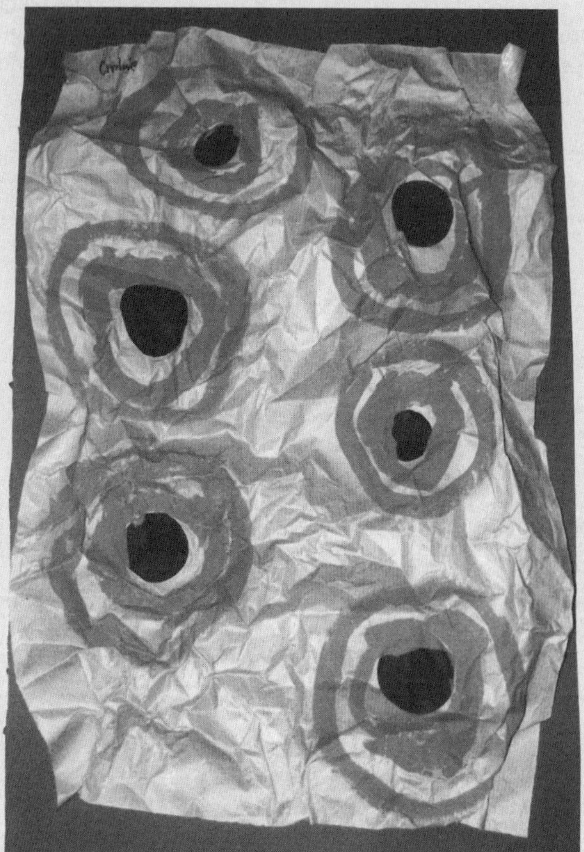

- L'enseignant présente cette production et demande aux élèves comment l'enfant auteur de la production a pu procéder.

- L'enseignant note les étapes de réalisation au tableau :
– « On colle les ronds noirs. »
– « On froisse le papier. »
– « On dessine les ronds bleus autour des ronds noirs. »

- L'enseignant reprend ensuite la série de consignes en les ordonnant :
– « D'abord, on froisse le papier. »
– « Ensuite, on colle des ronds noirs. »
– « Enfin, on dessine les ronds bleus autour des ronds noirs. »

DOC 32 **Retrouver la consigne d'un exercice simple déjà réalisé en classe**

- Montrer, dans un premier temps, les illustrations sans les commenter.
- Présenter un résumé très simple de l'histoire sans support.
- Montrer les illustrations en demandant aux enfants de les commenter.
- Raconter l'histoire en s'appuyant sur les illustrations.
- Lire l'histoire dans le texte sans les illustrations.

Ces différentes étapes permettent aux enfants de s'approprier progressivement l'histoire, quel que soit leur niveau langagier.
Le résumé de ces histoires pourrait figurer dans le cahier circulant entre l'école et la famille et donner lieu à d'autres rappels extrêmement utiles.

DOC 33 **Comment présenter une histoire aux enfants ?**

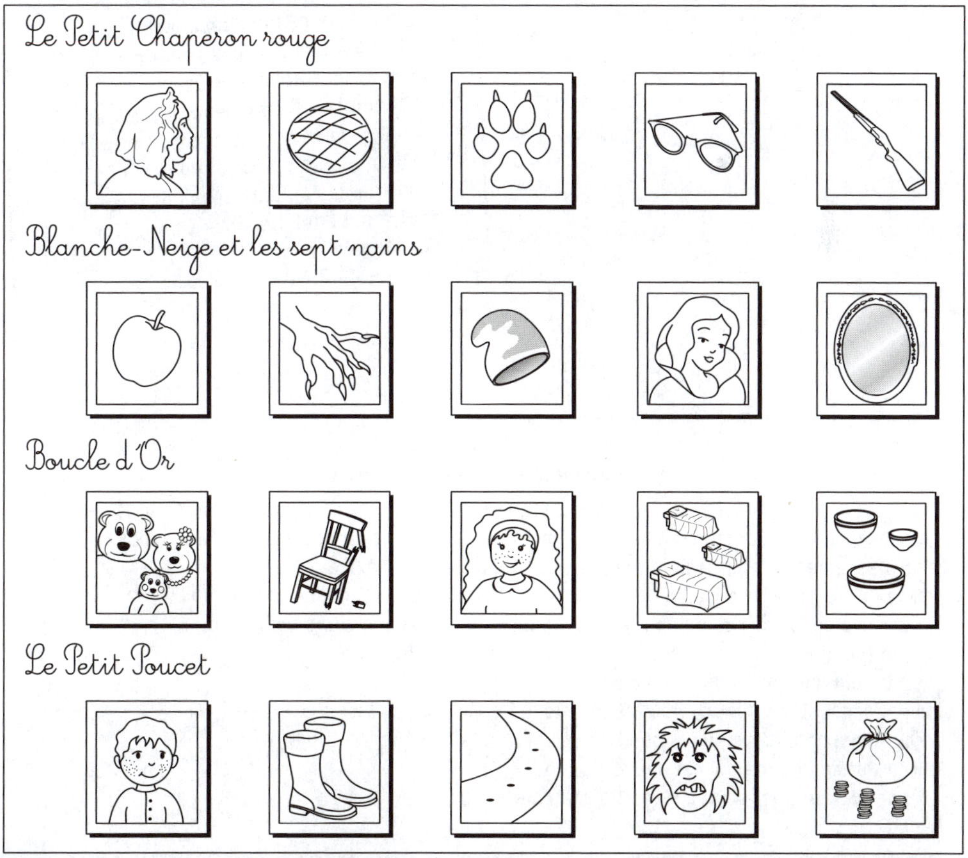

DOC 34 **Le jeu des quatre familles**

ACTIVITÉS DE SUBSTITUTION ET DE CLASSEMENT

Activités à partir de comptines

Introduire des **erreurs à repérer** ou associer les enfants au **changement de noms, d'adjectifs, de verbes.**

Exemple avec la comptine : *Une poule sur un mur* (les mots en gras peuvent être changés sans que la structure rythmique de la comptine ne soit transformée) :

Une **poule** sur un **mur**
Qui **picotait** du **pain dur**
Picoti, Picota
Lève la **queue**
Et puis
Voilà !

Créer des imagiers en classe

Les imagiers peuvent prendre plusieurs formes.

- Un **grand cahier** (utiliser des catalogues de papier peint) dont 2 ou 3 pages seront consacrées à un espace ou à un type d'activité. Prévoir des marque-pages adaptés, collés sur les rebords droits ou mobiles.
- De **grands panneaux d'affichage** conçus de la même façon et exposés à proximité de l'espace ou de l'atelier représenté.
- Des **étiquettes illustrées** par les élèves eux-mêmes. Elles constitueront le **premier dictionnaire de la classe** et pourront être classées par les enfants dans des boîtes prévues à cet effet. Ce stock s'enrichira tout au long de l'année.

Structuration du lexique : classement des étiquettes illustrées

Les activités de classement facilitent la structuration et la mémorisation à long terme du lexique. Les étiquettes mobiles, aisément manipulables, permettent différents types de classement suggérés par l'enseignant ou décidés par l'élève.
Une fois le travail réalisé, faire inventorier et justifier les critères de classement :

- par **espace d'activité ou de jeu** (tout ce que l'on trouve dans une bibliothèque…) ;
- par **fonction** (tout ce qui sert à écrire, à couper, à coller…) ;
- par **couleur** (tout ce qui est marron…) ;
- par **association d'idées** (tout ce qui me fait penser à une histoire…) ;
- par **thème** (tous les objets que l'on voit sur ce tableau de Van Gogh…) ;
- par **forme** (tout ce qui est pointu ou rond…) ;
- par **matière** (tout ce qui est en bois, en métal…) ;
- etc.

DOC 35 Propositions d'activités pour travailler le lexique

LES CONDUITES DISCURSIVES	LE VOCABULAIRE, LA SYNTAXE	LES SITUATIONS
Nommer	Les noms	• Jeux de loto : des objets de la classe, de la maison, des noms d'animaux, des couleurs… (Possibilité de télécharger de nombreuses illustrations sur Internet.) • Jeu des boîtes de mots : présenter une série de cartes illustrées (animaux, matériel des coins jeux…), puis demander de les classer dans différentes boîtes. • Inventorier tous les objets figurant sur des illustrations d'albums. • Dissimuler certains objets sous de petits caches et demander aux enfants de les nommer. • Faire retrouver à un autre enfant la page de l'album contenant tel objet ou tel personnage.
Décrire	Les adjectifs	• Jeu du portrait simplifié comportant des personnages (monsieur, dame, fille, garçon), des vêtements de couleur (rouge, bleu, vert, jaune), des objets tenus par les personnages (ballon, poupée, parapluie, sac). L'objectif est de faire trouver le bon personnage parmi un ensemble de cartes illustrées. Ce jeu peut se décliner à partir d'autres personnages (animaux…), lieux, objets… • Le petit lutin malin (la marotte) s'est caché dans un endroit de la classe, puis de l'école : ceux qui savent où il s'est caché décrivent le lieu. • Décrire une œuvre d'art.
Demander	Les questions	• Demander à la marchande (l'enseignant puis, plus tard, un autre enfant) les ustensiles ou les ingrédients nécessaires à la fabrication d'une soupe, d'une salade de fruits, d'un gâteau…
Expliquer	Les connecteurs, les adverbes	• Expliquer comment réaliser un objet simple (par exemple : un bateau fait avec une coquille de noix, de la pâte à modeler et un bâtonnet), une recette de cuisine… Ceux qui expliquent ont déjà réalisé l'activité avec l'enseignant. • Expliquer comment donner le bain à la poupée, se laver les mains et les dents, ranger un atelier ou un coin jeu.
Argumenter	Les connecteurs logiques	• « Comment habiller notre poupée aujourd'hui ? » (Il fait froid : des vêtements d'hiver et d'été sont proposés.) Écarter, en justifiant son point de vue, les vêtements qui ne conviennent pas. • Chaque semaine, un enfant emporte la poupée chez lui : que doit-il mettre dans la valise ? Pourquoi ?
Transmettre	Les verbes d'action	• Jeu du téléphone : l'enseignant transmet une consigne à faire réaliser par l'un des enfants du groupe. Par exemple : « Dis à Raphaël de miauler comme un petit chat. » • Demander aux personnages amis de la classe de réaliser devant nous telle ou telle action amusante. • Demander à nos mains, nos pieds, nos yeux, notre bouche de réaliser une action.
Raconter	Les connecteurs spatio-temporels	• Raconter aux parents dans le cahier de vie ce que l'enfant a réussi à faire cette semaine, ce qui s'est passé en classe. • Raconter ce qu'il a dessiné sous forme de légendes. • Raconter devant les autres enfants une histoire très simple, répétitive.

DOC 36 **Quelques situations langagières**

Causes possibles

Les raisons peuvent être diverses : socialisation difficile, manque de vocabulaire, difficulté à entrer en communication avec l'adulte, primo arrivant...

Quelles que soient ces raisons, l'enseignant se doit de tout tenter pour aider l'enfant à oser prendre la parole, puis à s'exprimer de façon compréhensible. Comment ?

Remédiation

- Utiliser toutes les occasions pour créer un contact avec l'enfant, en particulier lors des phases d'habillage, de collation, de récréation, de sieste.
- Verbaliser systématiquement ce que font les enfants, ce que fait l'adulte lui-même en situation.
- Articuler clairement lorsqu'on s'adresse à l'enfant.
- Mimer, utiliser des supports pour faire comprendre les messages.
- Donner confiance à l'enfant à travers ses réalisations autres que langagières.
- Engager des échanges avec l'enfant même si celui-ci ne répond pas ou répond de façon non verbale.
- Valoriser chaque production langagière aussi simple soit-elle.
- Développer les temps de langage en tout petit groupe pour consulter l'imagier de la classe, pour commenter des photos prises à la maison, en classe ou dans l'école, pour apprendre un nouveau jeu...
- Utiliser les temps de langage en tout petit groupe pour préparer les enfants à écouter une histoire qui sera ensuite présentée collectivement : ils auront ainsi une « longueur d'avance » et profiteront pleinement du temps collectif.
- Enregistrer l'enfant disant son prénom ou un petit jeu de doigts, puis lui faire écouter sa voix et la faire écouter aux autres enfants.
- Utiliser également certains déclencheurs d'expression personnelle, comme le suggèrent les nouveaux programmes : « L'utilisation d'une marionnette ou d'une marotte peut permettre de créer des moments de dialogue qui engagent les plus timides à parler. »

DOC 37 **Et quand ils ne parlent pas... ou très peu !**

Les fiches de préparation de l'enseignant

Fiche de préparation n° 3

Compétence de fin de cycle

S'exprimer dans un langage syntaxiquement correct et précis. Reformuler pour se faire mieux comprendre.

Objectifs spécifiques

- Enrichir son vocabulaire.
- Repérer le sens d'un mot dans différents contextes et expressions.

Organisation de la classe

En petits groupes, car il est indispensable que les enfants manipulent le matériel.

Durée de l'activité

20 min.

Matériel nécessaire

Plusieurs sortes de gants : en laine, doublés de fourrure, en cuir, moufles, gants de toilette en éponge, gants de crin, de ménage en plastique, de boxe...

Déroulement

- **Présentation du matériel** qu'il convient d'abord **d'observer**
Les gants circulent entre les mains des enfants. L'enseignant les fait **nommer** sous forme d'inventaire et demande les raisons de leur groupement. (« Ce sont tous des gants. »)

- Demander ensuite aux enfants de **décrire** chaque gant selon des critères : forme, matière, usage, fonction.
Faire **comparer** les gants : points communs, différences.

Difficultés anticipées, rôle du maître

- Les enfants ont du mal à dire le nom précis de l'objet, ils repèrent principalement son usage.

⇒ L'enseignant répète le nom plusieurs fois, insiste pour que les enfants l'emploient.

Évaluation

Identifier et nommer précisément tous les gants.

Prolongements

- Introduire d'autres sortes de gants (de jardinage, de four...).
- Adopter cette approche pour d'autres termes (« sac », par exemple).

Fiche de préparation n° 4

Compétence de fin de cycle

S'exprimer dans un langage syntaxiquement correct et précis.
Reformuler pour se faire mieux comprendre.

Objectif spécifique

Réinvestir un vocabulaire acquis dans diverses activités de la classe.

Organisation de la classe

Cinq équipes de deux enfants. Les autres élèves s'adonnent à une activité en autonomie ou travaillent en petit groupe avec l'enseignant.

Durée de l'activité

20 min.

Matériel nécessaire

– Un personnage ou un objet que les enfants ont préalablement représenté à l'aide de gommettes.
– Gommettes, feuille blanche, paravent en carton permettant de séparer les deux élèves.

Déroulement

Consigne : faire reproduire, par son camarade, le dessin réalisé précédemment à l'aide de gommettes.

• **Présentation collective**

Présenter l'activité à l'ensemble de la classe en montrant un exemple de l'activité attendu par la suite par chaque équipe de 2 élèves.
Les enfants se répartissent dans l'espace et s'installent.
Dans chaque équipe, le premier enfant dicte à l'autre les indications nécessaires pour qu'il reproduise le même dessin avec des gommettes. La réussite du second élève dépend de la précision des informations communiquées par le premier.

• **Phase de réalisation**

Les enfants peuvent se poser des questions sans voir directement le résultat. Ils sont donc en interaction pour mieux se faire comprendre.

Pendant le jeu, l'enseignant passe de table en table pour aider (en donnant le lexique nécessaire, par exemple) ou pour évaluer le réinvestissement du vocabulaire étudié, comme la formulation des questions posées.

Difficultés anticipées, rôle du maître

• Des élèves se bloquent car ils ne trouvent pas le mot exact.

⇒ Les aider à dire autrement en utilisant leurs propres mots. La liste des mots utiles pourrait être donnée ou rappelée en début de séance.

• Des élèves ne s'orientent pas dans le dessin.

⇒ Des signes de couleurs différentes peuvent les aider à repérer « haut », « bas », « à droite », « à gauche ».

Évaluation

Collective : la reconstitution la plus fidèle possible du modèle.

Variante

Jouer par groupes de trois élèves (un qui dicte, les deux autres qui reproduisent).

Fiche de préparation n° 5

Compétence de fin de cycle

Pratiquer divers usages du langage oral : raconter, décrire, évoquer, expliquer, questionner, proposer des solutions, discuter un point de vue.

Objectif spécifique

Créer le jeu des 4 familles des contes.

Organisation de la classe

Collective.

Durée

Deux séances de 20 min.

Matériel nécessaire

- Les albums des 4 contes illustrés. ▷ **DOC 31**
- Étiquettes vierges de 4 couleurs différentes (une couleur par famille).

Déroulement

Consigne : « Que va-t-on mettre sur les cartes pour reconnaître ce conte ? »

- **Phase 1 collective d'apprentissage**

Les enfants connaissent le jeu de 7 familles.
Il s'agit maintenant d'inventer un nouveau jeu de familles.
L'enseignant présente 6 cartes illustrant le conte *Le Petit Chaperon rouge* et demande pourquoi il a choisi un capuchon rouge, une galette, etc.

- **Phase 2 de réflexion collective**

Rappeler succinctement le deuxième conte choisi et demander quelles sont les caractéristiques à faire figurer sur les cartes. Laisser les enfants discuter entre eux.
Même démarche avec les deux autres contes.

- **Phase 3 de réinvestissement et de synthèse**

Exercer la mémoire des enfants : « Que trouve-t-on sur les cartes de chaque conte ? Vérifions. »

Difficultés anticipées, rôle du maître

- Des élèves n'utilisent pas le lexique précis.

⇒ Reformuler systématiquement en utilisant le lexique précis et en montrant l'illustration.

Évaluation

- Réinvestissement de certains mots de lexique.
- Mémorisation du groupe de mots liés à chaque conte.

Variante

On peut envisager le jeu des familles des espaces de la classe (ex. : dans l'espace « peinture », on trouve des pinceaux, des couleurs, des feuilles, un tablier…).

Proposition de programmation annuelle

<table>
<tr><th></th><th></th><th>1er TRIMESTRE</th><th>2e TRIMESTRE</th><th>3e TRIMESTRE</th></tr>
<tr><td rowspan="3">ÉCHANGER, S'EXPRIMER</td><td>Communiquer avec les adultes et avec les autres enfants par le langage, en se faisant comprendre.</td><td>• S'exprimer dans un langage mieux structuré, en articulant correctement.</td><td colspan="2">• Connaître quelques termes génériques (animaux, fleurs, vêtements…) ; dans une série d'objets (réels ou sous forme imagée), identifier et nommer ceux qui font partie de la classe d'un générique donné.
• Produire des phrases de plus en plus longues, correctement construites.
• Utiliser avec justesse le genre des noms, les pronoms usuels, les prépositions les plus fréquentes.
• Comprendre, acquérir et utiliser un vocabulaire pertinent (noms, verbes, adjectifs, adverbes, comparatifs) concernant :
– les actes du quotidien, les activités scolaires, les relations avec les autres (salutations, courtoisie, excuses) ;
– les récits personnels, le rappel des histoires entendues (caractérisation des personnages, localisation, enchaînement logique et chronologique).</td></tr>
<tr><td>S'exprimer dans un langage syntaxiquement correct et précis. Reformuler pour se faire mieux comprendre.</td><td>• Participer à un échange collectif en écoutant autrui et en attendant son tour de parole.</td><td>• Donner son avis sur ce qu'a dit un camarade ou l'enseignant.</td><td>• Ajuster son propos pour se faire comprendre en fonction de questions ou de remarques.</td></tr>
<tr><td>Dire de mémoire et de manière expressive plusieurs comptines et poésies.</td><td>• Relater un événement inconnu des autres.</td><td>• Inventer une histoire sur une suite d'images.</td><td>• Faire des hypothèses sur le contenu d'un livre au vu de sa couverture et de ses illustrations.</td></tr>
<tr><td>COMPRENDRE ET APPRENDRE</td><td>Pratiquer divers usages du langage oral : raconter, décrire, évoquer, expliquer, questionner, proposer des solutions, discuter un point de vue. Comprendre des textes écrits sans autre aide que le langage entendu.</td><td>• Comprendre les consignes des activités scolaires, au moins en situation de face à face avec l'adulte.</td><td>• Écouter en silence un récit facile, mais plus étoffé que l'année précédente.
• Comprendre une histoire racontée ou lue par l'enseignant ; la raconter, au moins comme une succession logique et chronologique de scènes associées à des images.</td><td>• Comprendre une histoire racontée ou lue par l'enseignant ; la raconter, au moins comme une succession logique et chronologique de scènes associées à des images.
• Décrire, questionner, expliquer en situation de jeu, dans les activités des divers domaines.</td></tr>
</table>

L'ÉCRIT

BO

« Il appartient à l'école maternelle de donner à tous une culture commune de l'écrit. Les enfants y sont amenés à comprendre de mieux en mieux des écrits à leur portée, à découvrir la nature et la fonction langagière de ces tracés réalisés par quelqu'un pour quelqu'un, à commencer à participer à la production de textes écrits dont ils explorent les particularités. »

- Écouter de l'écrit et comprendre
- Découvrir la fonction de l'écrit
- Commencer à produire des écrits et en découvrir le fonctionnement

- Découvrir le principe alphabétique
- Commencer à écrire tout seul

PROJET
Le soleil des prénoms

Organiser les progressions

CE QUI EST ATTENDU DES ENFANTS EN FIN D'ÉCOLE MATERNELLE	OBJECTIFS INTERMÉDIAIRES
Découvrir la fonction de l'écrit *« L'écrit transmet, donne ou rappelle des informations et fait imaginer : il a des incidences cognitives sur celui qui le lit. »*	
Découvrir la fonction de l'écrit.	• Reconnaître des supports d'écrits utilisés couramment en classe plus nombreux que durant l'année précédente. • Dans des situations simples (univers du vécu ou sujets déjà abordés), faire des hypothèses sur le contenu d'un texte au vu de la page de couverture du livre, d'images l'accompagnant. • Établir des liens entre des livres (imagiers / livres comportant texte et images ; livres racontant une histoire / n'en racontant pas). ▷ **DOC 39**
Écouter de l'écrit et comprendre *« En préparant les enfants aux premières utilisations maîtrisées de l'écrit en cycle 2, l'école maternelle occupe une place privilégiée pour leur offrir une fréquentation de la langue de l'écrit, très différente de l'oral de communication. L'enjeu est de les habituer à la réception de langage écrit afin d'en comprendre le contenu. »*	
Comprendre des textes écrits sans autre aide que le langage entendu. Connaître quelques textes du patrimoine, principalement des contes. ▷ **FICHE DE PRÉPARATION N° 6**	• Écouter des textes dits ou lus par l'enseignant qui accoutume l'enfant à comprendre un vocabulaire et une syntaxe moins familiers que ceux des textes entendus jusque-là. • Dans une histoire, identifier le personnage principal (c'est l'histoire de…) ; le reconnaître dans la suite des illustrations. ▷ **DOC 38** • Rappeler le début d'une histoire lue par épisodes par l'adulte ; essayer d'anticiper sur la suite. ▷ **DOC 40** • Comparer des histoires qui ont des points communs (même personnage principal, même univers). • Connaître quelques textes du patrimoine, principalement des contes.

L'une des façons de s'approprier un texte est de le jouer. Ainsi, après s'être bien imprégnés de l'histoire ***Le Petit Bonhomme de pain d'épices***, quelques enfants pourront se voir attribuer des rôles (les personnages, le narrateur) qu'ils joueront dans la salle d'évolution. D'autres enfants seront les « critiques » : ils réagiront lorsque d'après eux, l'histoire est mal jouée.

Utiliser un catalogue de jouets fabriqués pour créer le catalogue de ses jouets souhaités ou préférés.

Quels peuvent être ces liens ?
- Des expériences semblables ou proches : le personnage s'est perdu, il est tout seul et cherche un ami, il fait des bêtises…
- Un paysage ou un décor familier (ça se passe dans une forêt, dans un château…).

Comment aider à mémoriser l'histoire ?
- Relire en montrant les illustrations.
- Relire en mimant l'histoire.
- Relire en utilisant les silhouettes des personnages.
- Relire en s'arrêtant par moments pour que les élèves complètent par eux-mêmes (récit à trous).
- Relire en introduisant des erreurs que les enfants doivent rectifier. Lorsque cela est possible (texte suffisamment simple ou réécrit par l'enseignant plus simplement), faire en sorte que l'enfant s'imprègne du texte précis, même partiellement. L'enfant éprouve, à terme, beaucoup de plaisir à dire le texte comme il l'a entendu (comme un grand).

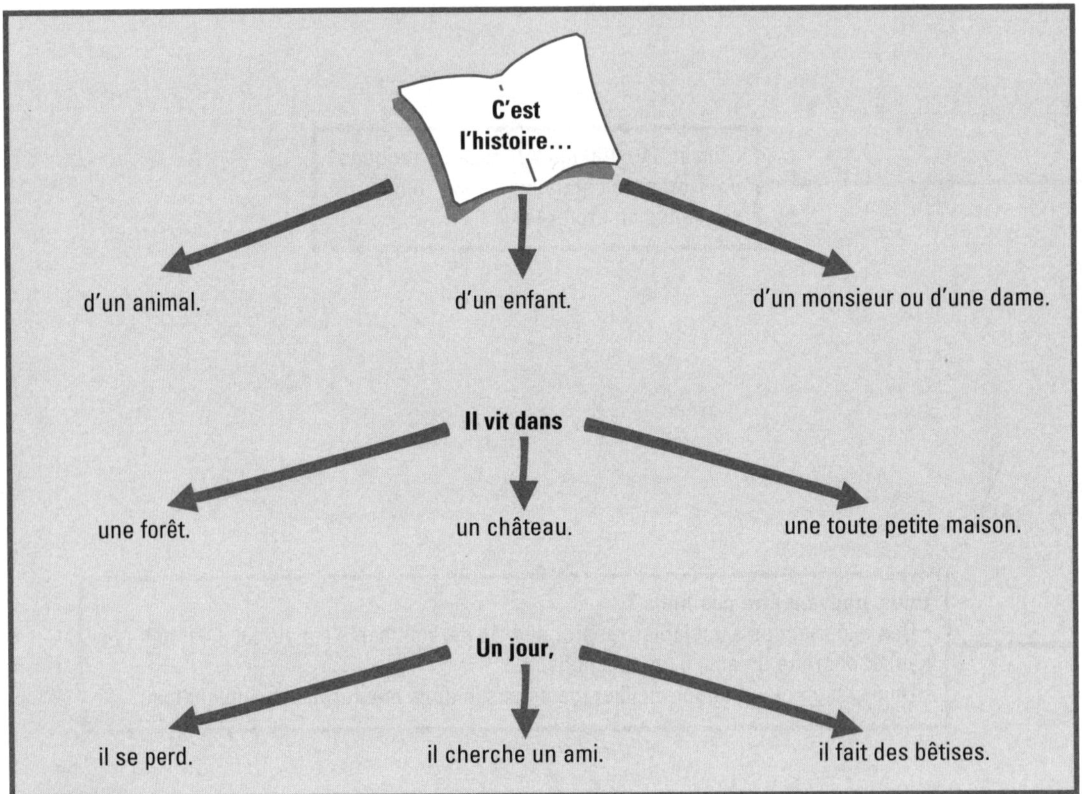

DOC 38 Mémoriser les éléments essentiels des histoires

Les parcours de lecture ont pour objectif de faire découvir les liens existant entre les différents albums de jeunesse lus en classe.

Quels peuvent être ces liens ?

- Le héros est le même : le petit ours, le petit chien, Papa…
- On retrouve le même type de personnage : un petit garçon, un roi, un animal…
- Le thème est commun : la peur, la recherche de sa maman, l'enfant s'est perdu, l'enfant ne veut pas dormir…
- Le cadre est commun : la forêt, l'école, le château…

Il faut donc être attentif à ces types de liens lors de l'équipement de la bibliothèque de classe et de l'introduction progressive des ouvrages.

DOC 39 Les parcours de lecture

DOC 40 **Comptine pouvant donner lieu à la remise en ordre chronologique des illustrations**

CE QUI EST ATTENDU DES ENFANTS EN FIN D'ÉCOLE MATERNELLE	OBJECTIFS INTERMÉDIAIRES

Commencer à produire des écrits et en découvrir le fonctionnement

« C'est l'enseignant qui juge du moment où les enfants sont prêts à prendre en charge eux-mêmes une partie des activités que les adultes mènent avec l'écrit. Et comme il n'y a pas de pré-lecture à l'école maternelle, cette prise en charge partielle se fait en production et largement avec l'aide d'un adulte. »

Participer verbalement à la production d'un écrit. Savoir qu'on n'écrit pas comme on parle.	• Produire un énoncé oral dans une forme adaptée pour qu'il puisse être écrit (dictée à l'adulte). ▷ **DOC 41**

La **dictée à l'adulte** conduit progressivement l'enfant à passer du langage implicite au langage explicite. Cela suppose donc une **attention** soutenue de l'enfant et un **étayage** de la part de l'enseignant qui doit, par ailleurs, se montrer très **disponible**.
L'organisation régulière de ces moments, certes courts, est à prévoir sur la semaine en tenant compte des rythmes de présence des enfants et des disponibilités des adultes.
L'objectif est qu'à l'issue de **chaque semaine, un temps de dictée soit réservé à chaque enfant**. On privilégiera les dictées en petits groupes afin de susciter des confrontations et d'aboutir à des phrases plus construites. On pourra également faire écouter des dictées enregistrées à d'autres groupes et recueillir leurs remarques (par exemple, à propos de l'enregistrement d'une recette à confronter à la recette réelle illustrée).

• Étape 1

L'enseignant a fait réaliser à un groupe de 4 élèves un gâteau au chocolat.
Il leur demande ensuite de lui dicter la recette.
Il enregistre leur formulation sur un magnétophone.

« Pour le gâteau, il faut du chocolat,
de la farine… du sucre…
On remue, on remue.
Et du beurre.
On met au four.
Le chocolat, il est en poudre.
Et des œufs… »

• Étape 2

« Il faut d'abord dire ce qu'on va mettre dans le gâteau ! »
« Il faut expliquer ! »

L'enseignant fait écouter l'enregistrement à l'ensemble du groupe classe.
Il laisse les élèves réagir.

• Étape 3

Faire découvrir aux élèves la recette illustrée. Leur demander de dicter collectivement les étapes de la recette.
L'enseignant relit le texte et fait reformuler.

DOC 41 **La dictée à l'adulte d'une recette**

CE QUI EST ATTENDU DES ENFANTS EN FIN D'ÉCOLE MATERNELLE	OBJECTIFS INTERMÉDIAIRES
Découvrir le principe alphabétique *« L'une des conditions pour apprendre à lire et à écrire est d'avoir découvert le principe alphabétique selon lequel l'écrit code en grande partie, non pas directement le sens, mais l'oral (la sonorité) de ce qu'on dit. Durant les trois années de l'école maternelle, les enfants vont découvrir ce principe (c'est-à-dire comprendre la relation entre lettres et sons) et commencer à le mettre en œuvre. Ce qui est visé à l'école maternelle est la découverte de ce principe et non l'apprentissage systématique des relations entre formes orales et écrites. »*	
Repérer des régularités dans la langue à l'oral en français.	• Écouter et pratiquer en les prononçant correctement de petites comptines très simples qui favorisent l'acquisition de la conscience des sons (voyelles essentiellement et quelques consonnes sur lesquelles on peut aisément effectuer des jeux sonores).
Discriminer des sons (syllabes, sons-voyelles ; quelques sons-consonnes hors des consonnes occlusives).	• Scander les syllabes de mots, de phrases ou de courts textes. ▷ **DOC 42** • Repérer des syllabes identiques dans des mots, trouver des mots qui ont une syllabe finale donnée ; trouver des mots qui riment. ▷ **DOC 43 ET FICHE DE PRÉPARATION N° 7**
Participer verbalement à la production d'un écrit. Savoir qu'on n'écrit pas comme on parle.	• Dans un énoncé oral simple, distinguer des mots (des noms d'objets…) pour intégrer l'idée que le mot oral représente une unité de sens.

Jouer au jeu des syllabes à l'aide d'images représentant des mots de une à quatre syllabes. Comme dans le jeu traditionnel de la bataille, les enfants se distribuent les cartes et en posent une en même temps.

Celui qui a un mot contenant le plus de syllabes gagne les deux cartes. Celui qui a gagné toutes les cartes gagne la partie.

DOC 42 La bataille des syllabes

Faire inventer des histoires contenant plusieurs mots commençant par la même syllabe, puis les faire illustrer.

Exemple :

L'histoire des PA

« Mon papa a un parapluie en papier
Papapapapa
Le parapluie en papier est déchiré. »

DOC 43 Les histoires de...

CE QUI EST ATTENDU DES ENFANTS EN FIN D'ÉCOLE MATERNELLE	OBJECTIFS INTERMÉDIAIRES

Commencer à écrire tout seul

« À partir de la moyenne section, et régulièrement en grande section, l'enseignant explique la correspondance des trois écritures (cursive, script, capitales). »

CE QUI EST ATTENDU DES ENFANTS EN FIN D'ÉCOLE MATERNELLE	OBJECTIFS INTERMÉDIAIRES
Reconnaître les lettres de l'alphabet et connaître les correspondances entre les trois manières de les écrire : cursive, script, capitales d'imprimerie. Copier à l'aide d'un clavier. ▷ **FICHE DE PRÉPARATION N° 10**	• Réaliser en grand les tracés de base de l'écriture : cercle, verticale, horizontale, enchaînement de boucles, d'ondulations, sur un plan vertical (tableau), puis horizontal (table). ▷ **DOC 45** • Imiter des dessins stylisés exécutés au moyen de ces tracés. ▷ **FICHE DE PRÉPARATION N° 9 ET DOC 44** • Reconnaître des lettres de l'alphabet. • Reconnaître son prénom écrit en écriture cursive. • Repérer des similitudes entre mots à l'écrit (lettres, syllabes) parmi les plus familiers (jours de la semaine, prénoms par exemple).
Écrire son prénom en écriture cursive sans modèle. ▷ **FICHE DE PRÉPARATION N° 8**	• Écrire son prénom en majuscules d'imprimerie en respectant l'horizontalité et l'orientation de gauche à droite. ▷ **DOCS 46 ET 48**

Jeu des mots croisés.
▷ **DOC 44**

Jeu de Kim : présenter quelques prénoms, les observer, en faire disparaître un, trouver celui qui manque.

Le catalogue graphique de la classe

• Classer par niveau de difficulté les graphismes trouvés ou créés par la classe. On peut trouver des motifs graphiques sur des tissus, des papiers peints, des catalogues, mais également dans la nature (feuilles, fleurs, pelage d'animaux : le zèbre par exemple…) et dans son environnement proche (grilles de balcon, portails d'immeuble…).

• Il serait intéressant d'initier les enfants à une recherche de motifs graphiques dans leur quotidien en y associant les parents. On pourra ensuite envisager de classer les trouvailles (la fiche des lignes, des ronds…).

Les ronds

- Réduire des ronds concentriquement.
- Tracer des ronds sur des lignes, des courbes.
- Tracer des ronds dans des interlignes.
- Décorations diverses à partir de ronds.

Les lignes

- Tracer des lignes en évitant des obstacles, des zones.
- Réaliser des quadrillages.
- Tirer de grands traits dans divers sens sur une feuille et remplir ces espaces par des lignes verticales, horizontales, obliques.

Les jambages

- Tracer des jambages de plus en plus réduits ou larges.
- Tracer des jambages sur des lignes, des ronds, des courbes.
- Les utiliser pour décorer un support.

Les lignes brisées

- Tracer des lignes brisées de plus en plus réduites ou larges.
- Tracer des lignes brisées sur des lignes, des ronds, des courbes.
- Mêmes activités avec des créneaux.
- Reproduire toutes les capitales d'imprimerie de notre alphabet.
- Les utiliser pour décorer un support, pour créer un paysage uniquement fait de lettres, pour créer un calligramme.

Reproduire un motif graphique simple en expliquant sa façon de procéder

- Reproduire des ronds, des lignes, des jambages, des courbes, des boucles.
- Nommer ces différentes formes graphiques.
- Décrire les tracés.

Les boucles

- Dessiner des points à entourer de boucles.
- Entourer des gommettes collées et des traits en formant des boucles à l'endroit, à l'envers, en haut, en bas.

Les élèves s'exerceront à tracer ces différentes formes graphiques sur des papiers de textures différentes, sur des matériaux comme la terre, la pâte à modeler, la pâte à sel, la peinture épaisse, etc., avec le doigt, des pinceaux, des feutres, des plumes, des crayons…

DOC 44 Les répertoires graphiques

• **Contourner**

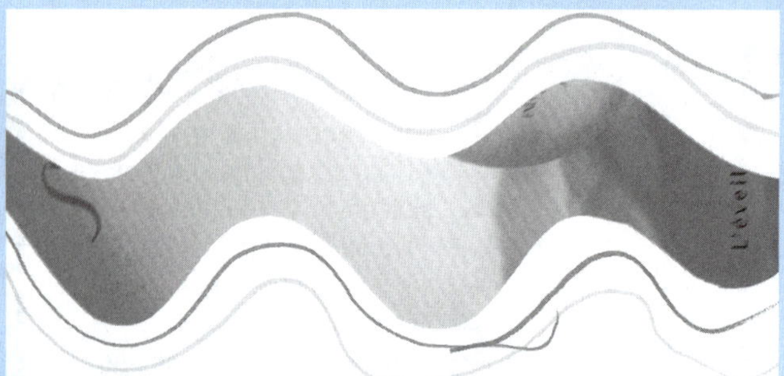

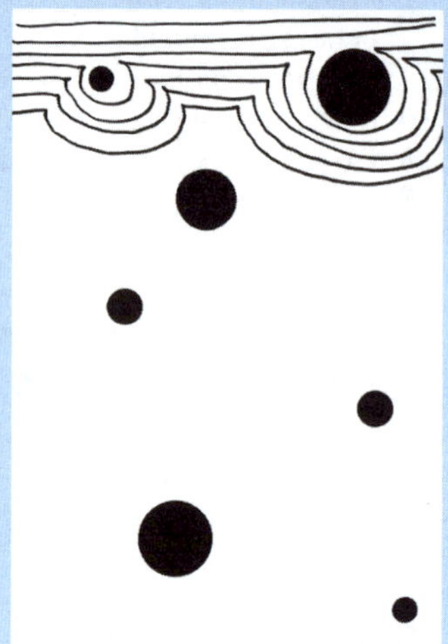

• **Remplir**

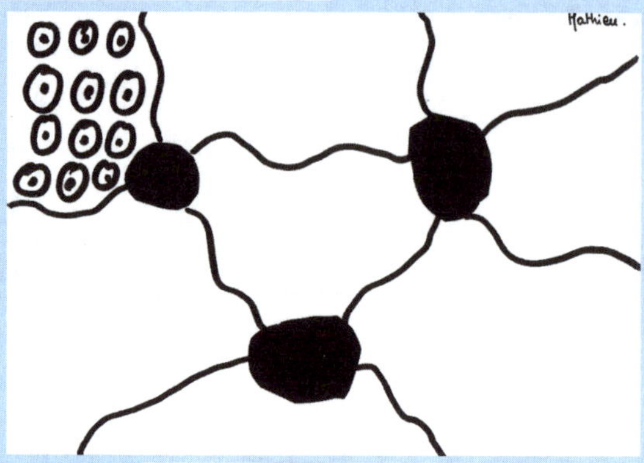

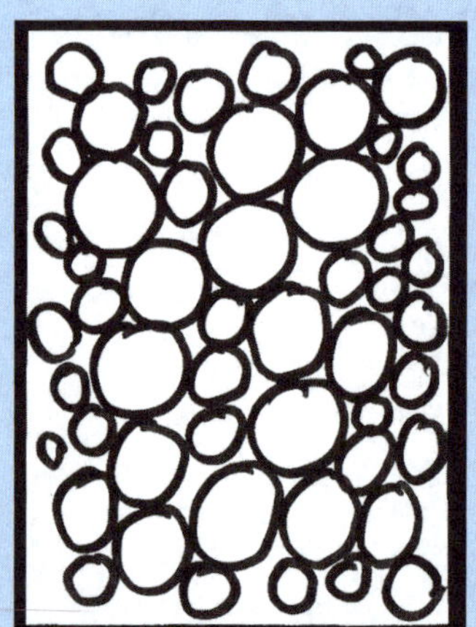

DOC 45 Quelques exemples d'exercices graphiques

• **Bandes et traits**

Les activités graphiques d'écriture, dans la mesure où elles individualisent des lettres, fournissent un matériel important **pour la construction du principe alphabétique**.

Mémoriser la graphie d'un mot

- Compter le nombre de lettres.
- Nommer les différentes lettres.
- Décrire leur tracé.
- Identifier la silhouette du mot.
- Le recomposer en s'aidant d'étiquettes-lettres.
- Le reproduire avec de la pâte à modeler, de la laine.
- Tracer le mot avec un doigt mouillé au tableau.

Décorer l'abécédaire de la classe

Derrière chaque lettre se dissimulent le prénom et la photo de chaque enfant dont l'initiale du prénom correspond. Par exemple, derrière la lettre « M » décorée, nous découvrirons la photographie de Margot, de Mathieu et de Malika.

M. Dervaux, *Des livres à fabriquer et à lire*, Nathan, 1999.

DOC 46 Mémoriser la graphie d'un mot

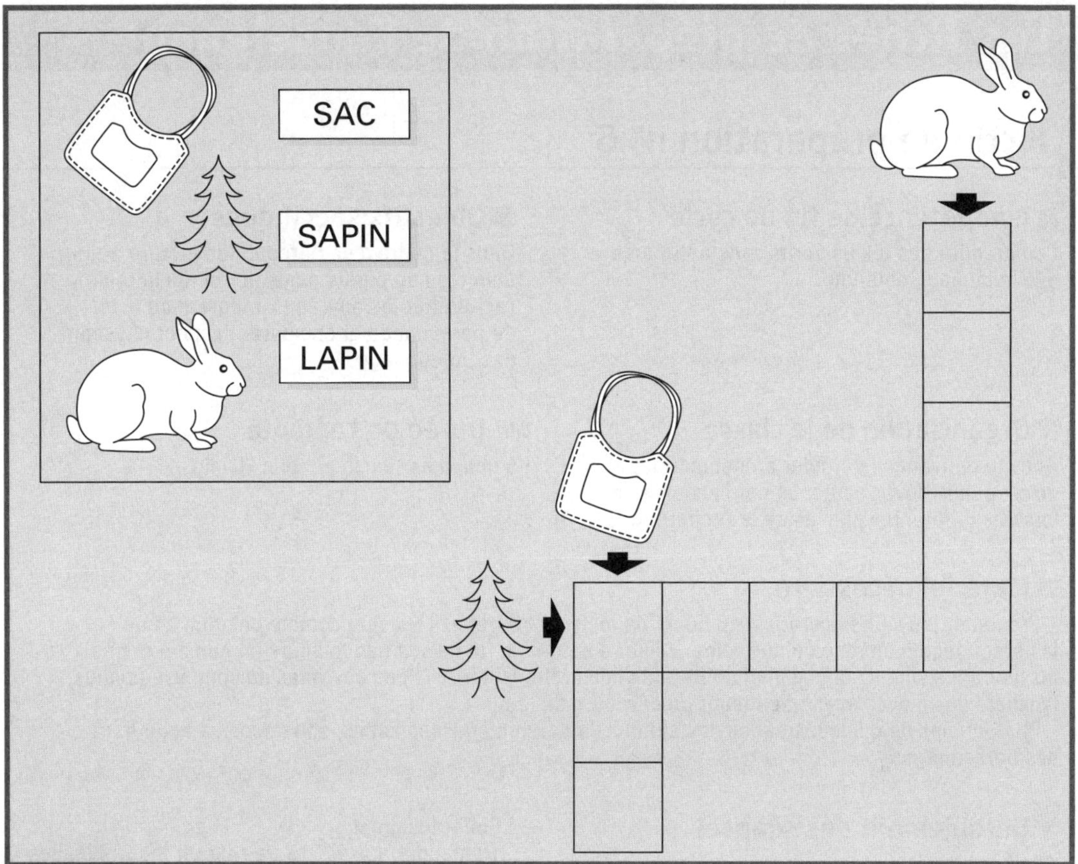

DOC 47 **Des mots croisés**

- Pour retrouver ses affaires personnelles (son portemanteau, sa boîte aux trésors…).
- Pour répartir les responsabilités.
- Pour choisir ou se diriger vers son atelier.
- Pour former des équipes.
- Pour signer ses productions.

Les élèves pourront :
– soit retrouver leur étiquette-prénom et la coller ;
– soit trouver toutes les lettres composant le prénom et les coller ;
– soit recopier directement leur prénom sur leur production.

DOC 48 **Dans quelles situations lire et écrire son prénom ?**

Les fiches de préparation de l'enseignant

Fiche de préparation n° 6

Compétence de fin de cycle

Comprendre des textes écrits sans autre aide que le langage entendu.

Objectifs spécifiques

Dans le cadre d'un parcours de lecture autour d'un type de personnage : le roi (ou la reine), rechercher les ouvrages intégrant ce type de personnage et comparer l'aspect physique des personnages.

Organisation de la classe

Activité pouvant se dérouler en petits groupes de six à huit élèves soutenus par l'enseignant lors des différentes phases de la recherche.

Durée de l'activité

5 min, puis 10 min et enfin 20 min.

Matériel nécessaire

– Présenter plusieurs ouvrages, au cours du mois ou du trimestre, ayant comme point commun le personnage d'un roi ou d'une reine. Veiller à ce que le roi ne soit pas toujours un humain et que les ouvrages soient suffisamment différents (illustrations, ton…) ; ces ouvrages doivent être connus, familiers des élèves avant d'engager un parcours de lecture.
– Photocopies de quelques pages des albums (le personnage, ses habits, son décor…) et du nom des personnages.

Déroulement des séances

• **Collectivement**
Présenter le travail par atelier.
• **Par atelier**
Rechercher en groupe les livres introduisant ce personnage puis associer la photocopie du personnage et celle de son nom.
L'enseignant doit se montrer disponible pour faire préciser les raison du choix et les moments dans l'album où l'on précise qu'il s'agit bien d'un roi.

• **Collectivement**
– Demander aux élèves de repérer les similitudes en comparant deux, puis trois personnages, etc. Analyser et faire exprimer les points communs et les différences.
– Les représenter sous la forme d'un tableau (ex. : « Comment le roi de chaque histoire est-il habillé ? Où habite-t-il ? »).
– Élargir la recherche à d'autres ouvrages présentés dans la bibliothèque d'école ou dans la bibliothèque municipale.

Difficultés anticipées, rôle du maître

• Les enfants ont du mal à s'extraire de l'histoire pour n'en considérer qu'un aspect.

⇒ Travailler sur les photocopies des seuls personnages, des décors, des seules illustrations portant sur l'axe de recherche.

• Les élèves trouvent bien les différences entre les ouvrages, mais ont parfois du mal à trouver les points communs, ce qui est intellectuellement plus difficile.

⇒ Commencer par les points communs les plus aisés (la couronne du roi…).

Évaluation

Repérage d'un personnage dans une autre série d'ouvrages choisis par l'enseignant.

Fiche de préparation n° 7

Compétence de fin de cycle

Discriminer des sons (syllabes, sons-voyelles ; quelques sons-consonnes hors des consonnes occlusives).

Objectif spécifique

Créer une comptine du nom des rues entourant l'école.

Organisation de la classe

Collectivement et en ateliers.

Durée de l'activité

15 min, puis 20 min en atelier, et enfin 20 min collectivement.

Matériel

– Illustrations d'objets se terminant par le même son ou la même syllabe et collées sur des étiquettes.
– Étiquettes-mots des noms de rue.

Déroulement des séances

• Collectivement

– Présenter l'activité : il s'agit de créer une comptine avec les noms de rues découvertes lors d'une visite de notre quartier.
Donner un exemple : « Rue de la Mairie, j'ai trouvé un lit. »
– Proposer de rechercher collectivement la suite de la comptine. Faire la liste, avec les élèves, des noms de rues rencontrées.

• En atelier

– Les enfants travaillent chacun sur un nom de rue (choisir des rues aux assonances simples).
– Demander ensuite de rechercher, parmi les catalogues disponibles, des illustrations qui pourraient aller avec le nom de ces rues. Les élèves découpent les illustrations qui pourraient convenir.

L'enseignant doit se montrer très disponible pour faire préciser par l'enfant la raison de son choix ou rappeler la consigne.

• Collectivement

– Confronter, pour chacune des rues, la chute du vers et les illustrations, sélectionner celles qui conviennent, choisir la plus intéressante.
– Dire ensemble la comptine.

Difficultés anticipées, rôle du maître

• Les élèves ont du mal à trouver les illustrations dont le nom se termine par le son ou la syllabe de la rue.

⇒ Prendre un exemple avec l'enfant, lui en faire trouver un second.

Évaluation

• Mémorisation de la comptine.
• Remarques spontanées des élèves qui cherchent des assonances dans d'autres contextes.

Prolongements

• Compléter la comptine par d'autres noms de rues.
• Inventer une comptine à partir de noms d'animaux, de saison…

Fiche de préparation n° 8

Compétence de fin de cycle

Écrire son prénom en écriture cursive, sans modèle.

Objectif spécifique

Copier le nom des héros d'un album.

Organisation de la classe

Collective, puis en petits groupes.

Durée de l'activité

– 5 min en grand groupe.
– 15 min en ateliers.

Matériel nécessaire

– Étiquettes-prénoms des personnages.
– Pochettes plastifiées.
– Feutres effaçables et chiffons.
– Feuilles blanches de tailles différentes.

Déroulement

• **Collectivement**

L'enseignant, dans un échange avec la classe :
– décrit les lettres composant chaque nom ;
– nomme ces lettres ;
– décrit les tracés nécessaires à leur reproduction.

• **En atelier**

Les élèves doivent recopier par transparence le modèle inséré dans une pochette plastifiée. Ils s'exercent à plusieurs reprises.
Puis ils copient directement le modèle sur une feuille blanche.

Ils passent alors à un autre nom de personnage et le recopient sur des formats de feuille de plus en plus petits.

Difficultés anticipées, rôle du maître

• Les élèves oublient certaines lettres.

⇒ Reprendre le modèle ainsi que la production et comparer lettre à lettre.

Évaluation

La signature par l'élève de ses travaux personnels.

Remarque

Proposer plusieurs modèles que les enfants peuvent reproduire pour s'entraîner.

Fiche de préparation n° 9

Compétence de fin de cycle

Reconnaître les lettres de l'alphabet et connaître les correspondances entre les trois manières de les écrire : cursive, script, capitales d'imprimerie.

Objectif spécifique

À l'occasion de la création d'un abécédaire des prénoms de la classe, décorer un certain nombre de majuscules initiales. ▷ **DOC 46**

Organisation de la classe

Collective, individuelle, puis de nouveau collective.

Durée de l'activité

20 min pour chaque phase.

Matériel nécessaire

Pour chaque enfant : une silhouette de lettre et des feutres d'épaisseurs différentes pour chaque couleur.

Déroulement

Consigne : décorer la lettre en s'inspirant du répertoire graphique élaboré en classe.

• **Phase collective**

Classer les prénoms des élèves de la classe.
Retrouver, dans un ensemble de cartons de lettres majuscules, ceux correspondant aux initiales des prénoms. Trier pour mettre de côté les lettres qui ne conviennent pas.
Répartir les lettres à décorer entre les élèves.

• **Phase individuelle**

Chaque élève remplit sa « lettre » de façon décorative, en utilisant les différentes épaisseurs de feutres. Chaque lettre est décorée d'une seule couleur.

• **Phase de synthèse collective**

Comparer les différentes décorations d'une même lettre. Comprendre comment chaque enfant a procédé.

Difficultés anticipées, rôle du maître

• Les enfants n'utilisent qu'un feutre.

⇒ Insister pour qu'ils utilisent, au moins une fois, les différents feutres. Faire remarquer les changements produits.

• La décoration est trop aérée.

⇒ Encourager la décoration de l'espace laissé libre. Le graphisme doit être plus dense.

Évaluation

Individuelle :
• Les motifs sont bien reproduits et tiennent compte de la forme de la lettre.
• Les différents scripteurs sont bien utilisés.

Variante

Limiter la décoration des lettres en privilégiant un ou deux motifs uniquement.

Fiche de préparation n° 10

Compétence de fin de cycle

Reconnaître les lettres de l'alphabet et connaître les correspondances entre les trois manières de les écrire : cursive, script, capitales d'imprimerie.

Objectifs spécifiques

- Repérer les caractéristiques d'une lettre.
- L'identifier rapidement dans une série de mots.

Organisation de la classe

Activité pouvant se dérouler avec la classe entière ou par petits groupes de six à huit élèves (on privilégiera cette organisation si l'activité est présentée pour la première fois aux élèves).

Durée

– 10 min pour chaque phase collective.
– 15 min pour chaque étape en groupes.

Matériel nécessaire

– L'étiquette du A.
– Étiquettes de mots écrits en majuscules d'imprimerie (prénoms, jours de la semaine…).
– Journaux, catalogues, prospectus.
– Paires de ciseaux, colle, bâtonnets, bandes de papier…

Déroulement de la séquence

• Collectivement

– Présenter la lettre : « Notre invitée, aujourd'hui, est la lettre A. »
– Décrire ensemble sa silhouette et chercher à quoi ressemble cette lettre (à la tour Eiffel, à un avion…).
– Repérer les prénoms dans lesquels elle se trouve et la place qu'elle occupe. (« Dans *Léa*, madame A est à la fin et c'est la troisième lettre. Mais dans *Alice*, elle est la première. »)

• En groupes de deux

– Première étape : aller à la recherche des A. Les élèves peuvent en découper dans des catalogues, des journaux, des prospectus… L'objectif de chaque petit groupe est d'obtenir le maximum de A.
– Seconde étape, présenter sa collection de différentes façons :
  - en les classant du plus petit au plus grand ;
  - en les collant sur une grande silhouette de A ;
  - en les collant sur un cercle…

• Collectivement

Chaque groupe présente sa collection, puis l'enseignant présente l'autre « habit » du A (en cursive). L'objectif est simplement de familiariser les élèves avec les différentes écritures d'une lettre, ce qu'ils étudieront plus précisément en GS.

Difficultés anticipées, rôle du maître

- Les enfants comprennent mal la consigne.
  ⇒ Faire un exemple avec eux.
- Ils ont du mal à trouver les A.
  ⇒ Sélectionner 2 ou 3 pages de journaux ou de prospectus et leur faire retrouver la lettre en la décrivant.

Évaluation

Identifier rapidement la lettre dans une série de mots inconnus.

Remarques

- Partir à la découverte de nouvelles lettres.
- Cette activité intéressant beaucoup les enfants, elle peut être relayée à la maison par les parents qui peuvent eux aussi aider à compléter la collection.

Évaluation et difficultés globales des élèves – Remédiations

Les élèves associent la longueur du mot à sa représentation
Exemple : « train » représente un objet plus petit que « abeille ».

REMÉDIATION → Associer le plus souvent possible l'écriture du mot à son image en mettant en évidence ce point d'observation.

Les élèves n'ont pas compris le sens de l'histoire

REMÉDIATION →

- Multiplier les actions de repérage : utilisation d'étiquettes à placer dans l'ordre sur les panneaux d'affichages. Numéroter l'ordre des mots-étiquettes ou l'ordre des passages (étiquettes) de l'histoire.
- Mimer le sens de la lecture.
- Suivre avec le doigt les différents écrits.

Les élèves ne comprennent pas l'histoire lue par l'enseignant

REMÉDIATION →

- Faire dessiner ce qu'a compris l'élève, lui faire compléter par questionnements successifs, par retours sur les parties peu ou pas comprises.
- Faire un résumé oral de l'histoire avant de lire intégralement le texte de l'histoire.
- Faire associer, par manipulations d'images, les personnages, les lieux et les événements.

Proposition de programmation annuelle

		1er TRIMESTRE	2e TRIMESTRE	3e TRIMESTRE
SE FAMILIARISER AVEC L'ÉCRIT	Découvrir la fonction de l'écrit.	• Reconnaître des supports d'écrits utilisés couramment en classe plus nombreux que durant l'année précédente.	• Établir des liens entre des livres (imagiers / livres comportant texte et images ; livres racontant une histoire / n'en racontant pas).	• Dans des situations simples (univers du vécu ou sujets déjà abordés), faire des hypothèses sur le contenu d'un texte au vu de la page de couverture du livre, d'images l'accompagnant.
	Écouter de l'écrit et comprendre.	• Écouter des textes dits ou lus par l'enseignant qui accoutume l'enfant à comprendre un vocabulaire et une syntaxe moins familiers que ceux des textes entendus jusque-là. • Rappeler le début d'une histoire lue par épisodes par l'adulte ; essayer d'anticiper sur la suite.	• Écouter des textes dits ou lus par l'enseignant qui accoutume l'enfant à comprendre un vocabulaire et une syntaxe moins familiers que ceux des textes entendus jusque-là. • Rappeler le début d'une histoire lue par épisodes par l'adulte ; essayer d'anticiper sur la suite. • Comparer des histoires qui ont des points communs (même personnage principal, même univers). • Connaître quelques textes du patrimoine, principalement des contes.	• Dans une histoire, identifier le personnage principal (c'est l'histoire de…) ; le reconnaître dans la suite des illustrations. • Comparer des histoires qui ont des points communs (même personnage principal, même univers). • Connaître quelques textes du patrimoine, principalement des contes.
	Commencer à produire des écrits et en découvrir le fonctionnement.		• Produire un énoncé oral dans une forme adaptée pour qu'il puisse être écrit (dictée à l'adulte).	• Produire un énoncé oral dans une forme adaptée pour qu'il puisse être écrit (dictée à l'adulte).

		1er TRIMESTRE	2e TRIMESTRE	3e TRIMESTRE
SE PRÉPARER À APPRENDRE À LIRE ET À ÉCRIRE	Découvrir le principe alphabétique.	• Écouter et pratiquer en les prononçant correctement des petites comptines très simples qui favorisent l'acquisition de la conscience des sons (voyelles essentiellement et quelques consonnes sur lesquelles on peut aisément effectuer des jeux sonores).	• Scander les syllabes de mots, de phrases ou de courts textes.	• Repérer des syllabes identiques dans des mots, trouver des mots qui ont une syllabe finale donnée ; trouver des mots qui riment. • Dans un énoncé oral simple, distinguer des mots (des noms d'objets, …) pour intégrer l'idée que le mot oral représente une unité de sens.
	Commencer à écrire tout seul.	• Réaliser en grand les tracés de base de l'écriture : cercle, verticale, horizontale, enchaînement de boucles, d'ondulations, sur un plan vertical (tableau), puis horizontal (table). • Reconnaître son prénom écrit en écriture cursive.	• Réaliser en grand les tracés de base de l'écriture : cercle, verticale, horizontale, enchaînement de boucles, d'ondulations, sur un plan vertical (tableau), puis horizontal (table). • Repérer des similitudes entre mots à l'écrit (lettres, syllabes) parmi les plus familiers (jours de la semaine, prénoms par exemple). • Écrire son prénom en majuscules d'imprimerie en respectant l'horizontalité et l'orientation de gauche à droite.	• Imiter des dessins stylisés exécutés au moyen de ces tracés. • Reconnaître des lettres de l'alphabet. • Écrire son prénom en majuscules d'imprimerie en respectant l'horizontalité et l'orientation de gauche à droite.

Agir, s'exprimer, comprendre à travers l'activité physique

BO

« La pratique d'activités physiques et artistiques contribue au développement moteur, sensoriel, affectif, intellectuel et relationnel des enfants. Ces activités mobilisent, stimulent, enrichissent l'imaginaire et sont l'occasion d'éprouver des émotions, des sensations nouvelles. Elles permettent aux enfants d'explorer leurs possibilités physiques, d'élargir et d'affiner leurs habiletés motrices, de maîtriser de nouveaux équilibres. Elles les aident à construire leur latéralité, l'image orientée de leur propre corps et à mieux se situer dans l'espace et dans le temps. »

Agir dans l'espace, dans la durée et sur les objets

Adapter ses équilibres et ses déplacements à des environnements ou des contraintes variés

Collaborer, coopérer, s'opposer

Communiquer avec les autres au travers d'actions à visée expressive ou artistique

PROJET
S'opposer, oui !
Se bagarrer, non !

Les compétences

BO

« Ces expériences corporelles visent également à développer la coopération, à établir des rapports constructifs à l'autre, dans le respect des différences, et contribuer ainsi à la socialisation. La participation de tous les enfants à l'ensemble des activités physiques proposées, l'organisation et les démarches mises en œuvre cherchent à lutter contre les stéréotypes et contribuent à la construction de l'égalité entre filles et garçons. Les activités physiques participent d'une éducation à la santé en conduisant tous les enfants, quelles que soient leurs "performances", à éprouver le plaisir du mouvement et de l'effort, à mieux connaître leur corps pour le respecter. »

- Courir, sauter, lancer de différentes façons, dans des espaces et avec des matériels variés, dans un but précis.
- Ajuster et enchaîner ses actions et ses déplacements en fonction d'obstacles à franchir ou de la trajectoire d'objets sur lesquels agir.
- Se déplacer avec aisance dans des environnements variés, naturels ou aménagés.

- Construire et conserver une séquence d'actions et de déplacements, en relation avec d'autres partenaires, avec ou sans support musical.
- Coordonner ses gestes et ses déplacements avec ceux des autres, lors de rondes et jeux chantés.
- Coopérer, exercer des rôles différents complémentaires, s'opposer, élaborer des stratégies pour viser un but ou un effet commun.

Organiser les progressions

CE QUI EST ATTENDU DES ENFANTS EN FIN D'ÉCOLE MATERNELLE	OBJECTIFS INTERMÉDIAIRES
Courir, sauter, lancer de différentes façons, dans des espaces et avec des matériels variés, dans un but précis.	• Exercer différentes façons de courir, de sauter, de lancer. ▷ **DOC 49** • Agir dans des espaces et avec des matériels variés. ▷ **FICHE DE PRÉPARATION N° 11 ET DOC 51**
Ajuster et enchaîner ses actions et ses déplacements en fonction d'obstacles à franchir ou de la trajectoire d'objets sur lesquels agir.	• Indiquer les déplacements à réaliser pour récupérer un objet dans la classe, le préau ou dans la cour.
Se déplacer avec aisance dans des environnements variés, naturels ou aménagés. ▷ **DOCS 52 ET 53**	• Se déplacer sur du matériel remettant en cause l'équilibre. • Se déplacer avec des engins présentant un caractère d'instabilité (tricycles, trottinettes…).

*« **En agissant sur et avec des objets** de tailles, de formes ou de poids différents (balles, ballons, sacs de graines, anneaux…), l'enfant en expérimente les propriétés, découvre des utilisations possibles (lancer, attraper, faire rouler…), essaie de reproduire un effet qu'il a obtenu au hasard des tâtonnements. »*

« Certains des plus jeunes enfants ont besoin de temps pour conquérir des espaces nouveaux ou s'engager dans des environnements inconnus. »

Le jeu du « Tu brûles, tu gèles »
Ce jeu se joue par deux : un enfant cache un objet qu'il doit faire retrouver à son compagnon en n'employant que les deux verbes : « brûler » et « geler ».

- Terrain plat, terrain pentu.
- Terrain dégagé, introduction d'obstacles à contourner, à surmonter, à passer entre…
- Suivre une ligne au sol.
- Se déplacer dans ou sur des milieux instables (eau, neige, glace, sable…).

Jeux de course

• Les filets de pêche

La moitié des enfants forme une ronde, bras levés. Les autres circulent entre les « mailles du filet » que sont les bras des enfants formant la ronde. Le chef pêcheur décide alors de baisser le filet (les enfants formant la ronde s'accroupissent) : les enfants encore à l'intérieur du filet sont pris.

• La cueillette

Plusieurs objets sont disséminés dans le préau ou la cour. L'objectif du jeu consiste à rapporter, par équipe de deux, le plus rapidement possible, le maximum d'objets. L'enseignant, pendant la durée de la cueillette, tape sur son tambourin 10 ou 20 coups à l'issue desquels le jeu est terminé.

• Le chef d'orchestre

Plusieurs cibles sonores sont réparties à des hauteurs et dans des espaces différents du préau (une clochette en haut d'un espalier, un triangle au bout d'un tube, un tambourin sur une poutre, une cymbale sur le mur du préau…). Dès qu'un enfant a atteint une cible, il le note sur le panneau collectif.

▷ **DOC 50**

• Les lapins

Dans un temps imparti, chaque lapin doit sortir en sautant de son terrier (représenté par un cerceau) et récupérer un certain nombre d'objets (une carotte, une salade…) à rapporter.

Petites « situations-problèmes »

• Comment franchir ce parcours sans utiliser ses bras ?

• Comment transporter le plus d'objets possible en utilisant seulement un cerceau ?

ACTIONS MOTRICES	CONDITIONS DE RÉALISATION			
Marcher Courir Grimper Glisser Rouler	En avant En arrière Sur le côté Au-dessus Sur Sur place En se déplaçant	Petites ou grandes enjambées Vite, lentement Plus vite, plus lentement que En même temps	Seul À deux À plusieurs Comme un autre Faire différemment de l'autre	Action unique Enchaînement d'actions
Sauter	Dans des positions différentes	Avec ou sans obstacles à franchir ou à contourner		Action unique (libre ou imposée) Enchaînement d'actions Avec réception maîtrisée
Lancer-attraper	Loin, près, avant, après la ligne, haut, au-dessus Contre Dans À quelqu'un	Pieds joints Pieds écartés Sur un pied En profondeur En longueur En hauteur En extension		Adapter le geste à l'objet à lancer (forme, taille…)

DOC 49 Quelques variables pour faire évoluer une action motrice

Equipe des écureuils — *« Le chef d'orchestre »*

Nom de l'enfant	Une cloche 	Un tambourin 	Un triangle 	Des cymbales 	Un maracas 
Léa	X				X

DOC 50 Apprendre à noter ses réussites

Exemple : RAMPER

« Trouver toutes les manières possibles de ramper. »

• Faire rechercher plusieurs réponses durant une ou deux séances.

• Représenter sommairement, par le dessin, chaque réponse. Si l'on dispose d'un appareil photo numérique, on pourra photographier les enfants dans les différentes postures.
S'assurer que les réponses sont bien différentes (confronter les représentations).

• Élaborer la pancarte « Inventaire » des idées trouvées.

– Sur le ventre. – Sur le dos. – Sur le côté.	– Allongé, jambes pliées. – Allongé, jambes en l'air.	– Sans les pieds. – Sans les bras.	– Sur le banc. – Sous le banc. – Entre les chaises.	– Sans toucher les cerceaux.

La placer devant l'atelier « Ramper » afin que chaque enfant s'essaie à ces différentes réponses.
Demander aux enfants de MS (ou de GS) d'illustrer ces réponses motrices.

• Procéder à une auto-évaluation progressive.
On passera des actions simples à des actions composées (ramper avec un ballon, un anneau...).

Chaque atelier devra mettre à la disposition des enfants du matériel varié afin d'inciter à l'exploration et à la recherche de réponses nouvelles.

DOC 51 Élargir l'inventaire des réponses motrices

Les ateliers de motricité doivent permettre à l'enfant d'agir en toute sécurité, de diversifier ses réponses motrices et d'explorer des espaces et des matériels variés.
Ils lui permettront d'exercer ses possibilités motrices selon ses intérêts.
Ils l'aideront à dépasser des inhibitions et à oser agir.
Ils l'aideront à prendre conscience de ses progrès.

• Quels ateliers ?
Chaque atelier devra privilégier une grande fonction motrice (sauter, s'équilibrer, lancer…).
Dans un premier temps, les ateliers seront complémentaires les uns des autres. On pourra, dans un second temps, aller vers plusieurs ateliers privilégiant une même action motrice (par exemple : sauter).
Ils seront stables durant plusieurs séances afin de laisser aux enfants le temps d'expérimenter à leur rythme.
Les transformations seront progressives. On peut envisager un changement d'installation toutes les 6 semaines.

• Quelle disposition des ateliers dans l'espace ?
L'espace sera tout d'abord limité et s'étendra progressivement.
Il conviendra d'alterner les ateliers avec franchissement rapide (sauter…) et avec franchissement lent (s'équilibrer, ramper, escalader…) afin d'éviter, ici ou là, les effets d'encombrement.
Tous les ateliers devront être constamment à portée du regard de l'enseignant qui doit pouvoir intervenir à tous moments (problèmes de sécurité, de conflit, inquiétude d'un enfant…).
On éloignera les ateliers des zones présentant un danger potentiel (radiateur, colonne, arête d'un mur…), à moins de les protéger.

• Combien d'ateliers ?
Pour que la circulation des enfants soit fluide, que leur intérêt soit préservé, prévoir un atelier pour environ 5 ou 6 enfants, soit 5 ateliers au maximum.

• Organisation de l'activité des enfants
Dans un premier temps, laisser les enfants utiliser librement les ateliers tout en attirant leur attention vers ceux qu'ils n'ont pas encore utilisés et sur ce que d'autres enfants ont pu y réaliser. Le simple déplacement de l'enseignant vers l'atelier peu utilisé relancera l'intérêt.
Dans un second temps, et en fonction de l'aisance des enfants, on pourra envisager une exploration orientée des ateliers (on passe d'un atelier à un autre après un signal sonore).

• Durée d'une séance
Au minimum 20 minutes, plus si le créneau d'utilisation du préau ou la disponibilité enfantine le permettent.

• À quelle fréquence ?
1 ou 2 fois par semaine en fonction du planning d'aménagement de l'espace au niveau de l'école.

S'INTERROGER POUR RELANCER LES ATELIERS

• L'atelier n'est pas assez investi : pourquoi ?
– Est-il trop facile ? Le complexifier : plus haut, plus loin, plus vite, plus bas, en déséquilibre…
– Est-il trop difficile ? Simplifions : aidons par le regard, la parole…
– Se situe-t-il trop loin des autres ateliers ? Ajoutons un élément.
– L'adulte est-il trop éloigné ? Rapprochons-nous.
– L'enfant a-t-il entendu, compris ce qui lui était demandé ? Répétons.
– L'enfant a-t-il les partenaires souhaités ? Provoquons d'autres regroupements.

LES CONSIGNES D'UTILISATION DES ATELIERS

• Quelles consignes donner aux enfants ?
– Attendre son tour.
– Après être passé, se mettre à la dernière place.
– Attendre pour sauter que l'élève précédent ait terminé son action.
– Respecter le sens de rotation des ateliers.
– Replacer le matériel qui n'est plus à sa place initiale.

• Où doit se placer l'enseignant ?
Près de l'atelier qui présente le plus de risques pour garantir la sécurité.
Il lui faut donc programmer un seul atelier de ce type et le situer correctement dans l'espace : de ce lieu, l'enseignant doit pouvoir surveiller les autres enfants.

DOC 52 Organiser les ateliers de motricité

Les activités d'échauffement

- Exploration de l'espace de motricité sur des rythmes et des types de déplacements différents (sauter, marcher, courir comme un lapin, un kangourou, un éléphant...) avec des temps d'arrêt.
- Un jeu collectif peut servir d'échauffement.

Et le retour au calme ?

Le retour au calme est indispensable même si la dépense physique n'a pas été très grande. Il permet de détendre les enfants, de clore la séance, de se concentrer pour pouvoir passer à une autre activité. Il peut parfaitement se dérouler en classe.

- **Relaxation** (allongé sur un tapis, sur fond musical, yeux fermés) : toucher sa tête, sa main ; mains sur le ventre, sentir sa main monter, descendre...
- **Le tour du propriétaire :** les enfants sont assis avec une balle de mousse qu'ils doivent faire rouler sur la jambe, le visage, les épaules...
- Dire des **comptines** mimées en chuchotant.
- **Le chef d'orchestre :** refaire les gestes de l'enseignant sans parler.

Les enfants se lèveront pour mettre leurs chaussures et leur manteau, progressivement, dès que l'enseignant touche leur bras, chuchote leur prénom...

Présenter les consignes d'activité et les consignes de sécurité

Il est intéressant d'illustrer les consignes de sécurité à l'aide de petits panneaux. Ce temps de présentation doit être court pour permettre l'entrée rapide dans l'activité. Si le travail est organisé en équipes, celles-ci doivent être décidées en classe.

- L'essentiel de la séance doit **permettre à tous les enfants d'agir** : éviter les pertes de temps dues aux attentes inutiles (embouteillages devant un atelier, pauses trop nombreuses, bavardages...).
- **Intervenir** régulièrement pour relancer l'activité.
- **Observer** les progrès des enfants, l'inhibition de certains.
- **Associer les enfants à l'installation et au rangement** du matériel lorsque c'est possible. Le matériel doit être aisément accessible.

DOC 53 Le déroulement d'une séance de motricité

CE QUI EST ATTENDU DES ENFANTS EN FIN D'ÉCOLE MATERNELLE	OBJECTIFS INTERMÉDIAIRES
Pratique d'activités qui comportent des règles	
Coopérer, exercer des rôles différents complémentaires, s'opposer, élaborer des stratégies pour viser un but ou un effet commun.	• Tirer, pousser, déplacer, saisir, tomber avec, immobiliser, résister passivement, résister activement, ne pas bouger, dérober certaines parties de son corps. • Transporter avec les mains, déplacer avec un palet, un cerceau, un panier, lancer des objets de taille et de poids différents vers un objectif. • Réaliser ces opérations avec des obstacles, matériels à contourner, à franchir.

Jeux d'opposition

• **À deux**

– **Jeu de la pince à linge :** attraper la pince à linge placée dans le dos de l'opposant. On pourra mettre deux ou trois pinces à linge.

– **Le rodéo :** l'enfant à genoux doit désarçonner son adversaire. ▷ **DOC 54**

– **Dos à dos :** se pousser ou se tirer pour faire franchir une limite à l'autre.

• **En équipe**

– **Le trésor :** 2 enfants gardent un trésor et doivent le défendre contre 4 opposants.

– **Arrêter les fourmis :** 5 enfants doivent empêcher 10 enfants (les fourmis) de franchir une limite ; ils placent des obstacles (qu'ils peuvent déplacer) mais ne peuvent toucher les fourmis.

– **Toucher, c'est gagner :** toucher une partie du corps de l'adversaire.

Jeux de coopération

• **À deux**

– **Les déménageurs :** transporter le maximum d'objets à l'aide d'un banc ou d'un tapis sans les faire tomber.

– **Le parcours :** déplacer un camarade (qui a les yeux bandés) sur un parcours, en évitant les obstacles ▷ **DOC 54**

• **En équipe**

– **Défense d'entrer :** une équipe doit défendre son territoire (un tapis) de l'invasion des opposants.

– **Faire le ménage :** une équipe doit nettoyer son espace de tous les objets en plastique, de couleur verte… Les opposants doivent les réintroduire.
▷ **DOC 54**

DOC 54 **Quelques exemples de jeux d'opposition et de coopération**

CE QUI EST ATTENDU DES ENFANTS EN FIN D'ÉCOLE MATERNELLE	OBJECTIFS INTERMÉDIAIRES
Activités d'expression à visée artistique	
Construire et conserver une séquence d'actions et de déplacements, en relation avec d'autres partenaires, avec ou sans support musical.	• Se déplacer sur des rythmes simples. • Rechercher différentes façons de se déplacer en marchant, en courant, en sautillant. • Jeux et chants dansés. ▷ **DOC 56** • S'exprimer de façon libre avec ou sans matériel. • Exprimer corporellement des notions contrastées. • Imiter les postures et déplacements d'un camarade (jeu du miroir).
Coordonner ses gestes et ses déplacements avec ceux des autres, lors de rondes et jeux chantés.	• Se déplacer sur la musique de différentes façons. • Respecter une disposition spatiale simple (ronde, file, ligne, colonne, spirale). • Augmenter le vocabulaire corporel. • Enchaîner deux mouvements simples. • Proposer des idées de déplacement sur un chant connu. ▷ **FICHE DE PRÉPARATION N° 12**

Pour danser

- Ronde en avant, en arrière, à droite, à gauche ; en file indienne ; farandole ; en quinconce.
- Ensemble par 2, 3, 4, 5 ou seul.
- Sauter, marcher, frapper, courir, tourner lentement, vite.

▷ **DOC 55**

S'exprimer corporellement

- Se faire petit/grand.
- Se déplacer comme un géant, un nain, un gros animal…
- Ouvert, fermé.
- Tonique, mou.

DOC 55 Quelques rondes pour danser

Jean Petit qui danse

Jean Petit qui danse *(bis)*
De sa tête, il danse *(bis)*
De sa tête, tête, tête *(bis)*
Ainsi danse Jean Petit

Jean Petit qui danse *(bis)*
De ses bras, il danse *(bis)*
De ses bras, ses bras, ses bras *(bis)*
Ainsi danse Jean Petit

Les enfants forment une ronde et bougent les différentes parties de leur corps progressivement. L'objectif est qu'à l'issue du chant, tout le corps de l'enfant soit en mouvement.

Dans mon pays d'Espagne

Dans mon pays d'Espagne, OLE *(bis)*
Il y a des guitares comme ça *(bis)*

Dans mon pays d'Espagne, OLE *(bis)*
Il y a des guitares comme ça *(bis)*
Et des taureaux comme ça *(bis)*
...

Les enfants forment une ronde. Ils avancent au centre en se tenant par la main et en levant les bras sur « OLE », puis reculent en baissant les bras. Ils miment les différentes caractéristiques de l'Espagne. On associera les enfants à la proposition d'idées : « Qu'y a-t-il encore dans ce pays ? » Une fois les idées trouvées, on essaiera de danser le chant complet.

Oh, j'ai vu, j'ai vu

Oh, j'ai vu, j'ai vu *(bis)*
Compère qu'as-tu vu ?
J'ai vu une vache
Qui dansait sur la glace
À la Saint-Jean d'été
Compère vous mentez

Oh, j'ai vu, j'ai vu *(bis)*
Compère qu'as-tu vu ?
J'ai vu un éléphant
Qui sautait sur un banc
Comme un gros futé

Les enfants imitent par deux les déplacements des différents animaux. L'objectif est que les enfants trouvent des manières à la fois justes et drôles de représenter les situations.
On pourra, en classe, inventer la suite de la chanson.

L'araignée Gypsie

L'araignée Gypsie monte à la gouttière
Mais voilà la pluie
Gypsie tombe par terre
Mais le soleil a séché la pluie
L'araignée Gypsie monte à la gouttière...

Les enfants forment une ronde et miment l'araignée (se grandir, tomber, remonter...).

J'ai vu le loup, le renard et la belette

J'ai vu le loup, le renard et la belette
J'ai vu le loup, le renard danser
J'les ai vus taper du pied *(bis)*

J'ai vu le loup, le renard et la belette
J'ai vu le loup, le renard danser
J'les ai vus sauter d'un pied *(bis)*

Les enfants sont en file indienne et se déplacent en rythme. Ils s'arrêtent pour « taper du pied » et « sauter d'un pied ». On associera les enfants à la proposition d'idées : « Que peuvent-ils faire avec leur corps ? » Une fois les idées trouvées, on essaiera de danser le chant complet.

DOC 56 Des comptines et des chants pour danser

Fiche de préparation n° 11

Compétence de fin de cycle

Ajuster et enchaîner ses actions et ses déplacements en fonction d'obstacles à franchir ou de la trajectoire d'objets sur lesquels agir.

Objectif spécifique

Courir en un temps limité.
(Le jeu de « la cueillette ».)

Organisation de la classe

Quatre équipes identifiées par un foulard de couleur.
Ce jeu, à proposer plusieurs fois dans l'année, est à introduire dans le cadre d'une séance de motricité centrée sur des jeux collectifs.

Durée

30 à 45 min.

Matériel nécessaire

– Foulards et cerceaux (ou boîtes en carton) de même couleur.
– Divers objets disséminés dans le préau (environ 40).
– Tambourin.

Déroulement des séances

• Répartir le matériel dans le préau.

• Former les équipes qui concourront deux par deux.
Consigne : « Vous devez rapporter le plus d'objets possible et les mettre dans votre boîte. Vous ne pouvez pas déplacer la boîte. Vous devez prendre un seul objet à chaque fois et le déposer dans la boîte. Au bout de 10 coups de tambourin, on voit quelle équipe a gagné. »
Les deux autres équipes sont chargées de compter les résultats de la cueillette.
On change alors les équipes.

• Même jeu en diminuant le nombre de coups.

Difficultés anticipées, rôle du maître

• Les élèves se dirigent toujours du même côté.
⇒ À la fin du jeu, faire rappeler les lieux où se trouvent les objets.

• Les élèves oublient la consigne et rapportent plusieurs objets.
⇒ Faire reformuler la consigne lors d'un temps de pause.

Évaluation

• Compréhension des règles du jeu.
• Répartition des espaces à explorer au sein de l'équipe.

Prolongements

Il sera sans doute nécessaire de complexifier la tâche en surélevant les objets, en en diminuant le nombre, en exigeant un tri des objets (rouges, en bois…), en diminuant le temps d'exploration…

Fiche de préparation n° 12

Compétence de fin de cycle

Construire et conserver une séquence d'actions et de déplacements, en relation avec d'autres partenaires, avec ou sans support musical.

Objectif spécifique

Proposer des idées de déplacement sur un chant connu (« J'aime la galette »).

Organisation de la classe

Cette activité est à proposer plusieurs fois dans l'année. C'est une occasion pour les élèves de réutiliser leur répertoire corporel.

Durée

15 min.

Matériel

Fiches élaborées par l'enseignant représentant différents types de déplacements mis en œuvre dans les danses connues : formation (ronde, farandole…), déplacements (en avant, en arrière, sur le côté…).

Déroulement des séances

- Chanter ensemble le chant et le danser tel que l'enseignant l'avait précédemment enseigné.
- Rechercher, parmi les fiches, celles illustrant la danse.
- Rechercher d'autres possibilités d'expression du chant.
- Reprendre la danse en intégrant les diverses propositions.

Poursuivre la séance par d'autres activités rythmiques connues et bien maîtrisées.

- Représenter, en classe, les différentes variantes expressives de ce chant.

Difficultés anticipées, rôle du maître

- Les élèves enchaînent mal les différents déplacements.

⇒ Les faire mémoriser à partir des illustrations. Danser avec quelques enfants en formulant les mouvements exécutés.

Évaluation

Enchaînement des déplacements bien mémorisés et exécutés.

Prolongement

On pourra travailler sur d'autres chants connus et envisager l'introduction éventuelle de matériel.

Proposition de programmation annuelle

	1er TRIMESTRE	2e TRIMESTRE	3e TRIMESTRE
Agir dans l'espace, dans la durée et sur les objets Adapter ses équilibres et ses déplacements à des environnements ou des contraintes variés	• Activités à dominante « course ». • Jeux des filets de pêche, de la cueillette.	• Activités à dominantes « lancer » et « saut ». • Jeu des lapins, du chef d'orchestre. • Les vélos et les tricycles : parcours avec enchaînement d'actions (glisser, contourner, sauter, s'accroupir…).	• Activités à dominantes « saut » et « équilibre ». • Activités d'orientation. • Jeux de la cueillette, du chef d'orchestre, avec vélos ou tricycles. • Petites courses relais.
Collaborer, coopérer, s'opposer	Jeux de la pince à linge, du rodéo, de « toucher, c'est gagner ».	Jeux du trésor, de « Arrêter les fourmis », des déménageurs.	Jeux du parcours, de « Défense d'entrer », de « Faire le ménage ».
Communiquer avec les autres au travers d'actions à visée expressive ou artistique	• Déplacements divers imposés ou trouvés. • Chants dansés.	• Activités d'expression corporelle. • Chants dansés.	Invention de déplacements enchaînés sur un fond musical ou sur un chant connu.

Explorer le monde

Explorer le monde du vivant, des objets et de la matière

Se repérer dans le temps et l'espace

Explorer le monde du vivant, des objets et de la matière

BO

« À leur entrée à l'école maternelle, les enfants ont déjà des représentations qui leur permettent de prendre des repères dans leur vie quotidienne. Pour les aider à découvrir, organiser et comprendre le monde qui les entoure, l'enseignant propose des activités qui amènent les enfants à observer, formuler des interrogations plus rationnelles, construire des relations entre les phénomènes observés, prévoir des conséquences, identifier des caractéristiques susceptibles d'être catégorisées. Les enfants commencent à comprendre ce qui distingue le vivant du non-vivant ; ils manipulent, fabriquent pour se familiariser avec les objets et la matière. »

Découvrir le monde vivant

Explorer la matière

Utiliser, fabriquer, manipuler des objets

PROJET
L'ours : doudou ou grosse bête ?

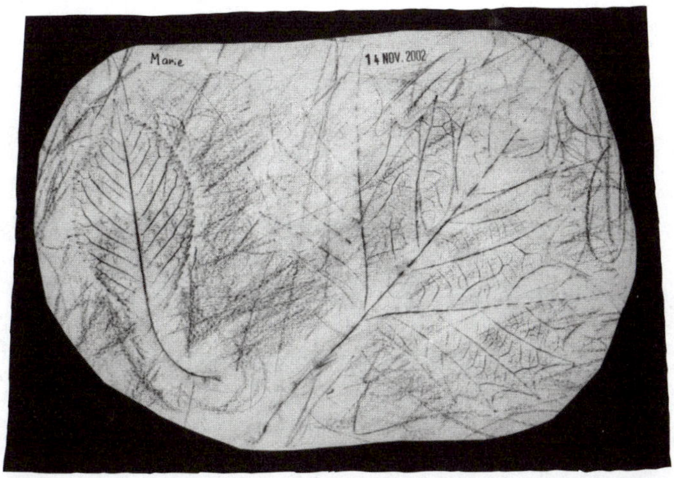

Organiser les progressions

CE QUI EST ATTENDU DES ENFANTS EN FIN D'ÉCOLE MATERNELLE	OBJECTIFS INTERMÉDIAIRES
Explorer le monde de la matière	
Choisir, utiliser et savoir désigner des outils et des matériaux adaptés à une situation, à des actions techniques spécifiques (plier, couper, coller, assembler, actionner…).	• Nommer les matières de la vie courante. • Décrire leurs caractéristiques physiques. • Classer certaines matières en fonction d'une caractéristique commune. • Citer plusieurs objets composés d'une certaine matière. • Observer la transformation de certaines matières.

TOUCHER

- Identifier et nommer des matières, des ingrédients (solides, liquides), des objets.
- Comparer des matières assez proches (papiers plus ou moins épais, souples, en plastique, en bois, en métal…).
- Associer des éléments hétéroclites pour leurs qualités tactiles (chaleur, aspect, masse, souplesse…).
- Créer des lotos tactiles.
- Reconnaître un enfant par sa chevelure, la texture de l'un de ses vêtements…
- Lire une image et évoquer les sensations tactiles évoquées.

VOIR

À travailler en association avec les arts visuels.

- Identifier certains objets ou personnages à partir de l'une de leurs parties.
- Utiliser miroirs, verres grossissants, loupes.
- Constater quelques effets d'optique.
- Explorer la qualité de certains matériaux (tissus, papiers, plastiques opaques, transparents…).
- Nommer des couleurs et leurs nuances.
- Fabriquer des mélanges de couleurs.

ÉCOUTER

À travailler en relation avec l'éducation musicale

- Écouter des bruits, des sons (bruits de son corps, instruments de musique simples, éléments naturels…), des voix.
- Les classer en utilisant un vocabulaire approprié (fort, doucement, crier, chuchoter…), en indiquant les sensations produites (ça donne envie de…, ça fait mal à la tête, ça grince…).
- Jouer au jeu du loto sonore.
- Réaliser un mur sonore.

SENTIR

- Reconnaître des odeurs et nommer leur origine.
- Les classer en indiquant les sensations produites (ça sent fort, mauvais, bon…).
- Associer une odeur à une expérience, à un souvenir agréable ou désagréable.
- Reconnaître les parfums de thés et de tisanes divers.
- Reconnaître l'odeur de produits toxiques.
- Apprendre à se méfier de produits toxiques qui sentent bon (comme certains produits ménagers).

GOÛTER

- Goûter des ingrédients, des fruits, des légumes dans différentes conditions (crus, cuits, frais, seuls, mêlés à d'autres…).
- Comparer différentes espèces d'un même fruit (pommes, raisins…), d'un même produit (le chocolat noir, au lait, aux fruits secs…).
- Reconnaître, au goût, les ingrédients composant un plat (gâteau, soupe, salade, sauce…).
- Reconnaître, au goût, les ingrédients d'un plat (soupe, gâteau, salade, sauce…).

DOC 57 Explorer les cinq sens

CE QUI EST ATTENDU DES ENFANTS EN FIN D'ÉCOLE MATERNELLE	OBJECTIFS INTERMÉDIAIRES
Explorer le monde des objets	
Choisir, utiliser et savoir désigner des outils et des matériaux adaptés à une situation, à des actions techniques spécifiques (plier, couper, coller, assembler, actionner…).	• Réunir le maximum d'objets disponibles dans un espace de jeux ou d'activités : les nommer, les décrire, les classer. ▷ **DOC 58** • Classer, au sein d'un même espace ou entre différents espaces, les objets en fonction de leur matière, de leurs qualités ou de leur usage. • Identifier un matériau dans une collection. • Choisir l'objet le plus approprié à un usage (ex. : Qu'est-ce qui permettra de couper le mieux ce carton ?). • Observer la transformation de certaines matières. • Utiliser, de manière autonome, un magnétophone, un baladeur. • Étudier le fonctionnement d'outils simples. • Choisir les outils nécessaires à une action. ▷ **FICHE DE PRÉPARATION N° 14** • Observer le fonctionnement d'objets simples. • Visiter des boutiques d'artisans (ex. : la boulangerie). • Réaliser des constructions simples (tours, ponts, habitations…). • Réaliser des constructions à partir d'un modèle. • Réaliser la maquette d'un atelier de motricité.

Découvrir l'air, le vent

• Prendre conscience de l'existence de l'air (ex. : Qu'y a-t-il à l'intérieur d'un ballon de baudruche ?).
• Observer deux objets techniques mettant l'air en mouvement : le sèche-cheveux et l'aspirateur (sentir le souffle chaud, froid, l'aspiration…).
• Observer le fonctionnement d'instruments de musique à vent (ex. : la flûte).
• Faire des bulles de savon.
• Éducation plastique : provoquer des déplacements de bulles de peinture ou d'encre en soufflant plus ou moins fort, directement ou à l'aide d'une paille.

Rechercher tous les mécanismes ou systèmes permettant de fermer, ouvrir, attacher, visser… En dresser un inventaire. Repérer ce que ces systèmes ont en commun.

Petits défis

- Comment faire pour que toutes nos peintures sèchent vite ?
- À quoi faut-il suspendre les éléments de notre mobile pour qu'ils bougent beaucoup ou très peu ?
- Qu'y a-t-il dans cette confiture, dans ce gâteau, dans ce jus… ?

À partir de la découverte d'objets tels qu'un ouvre-boîte, un économe, un dénoyauteur ou une râpe, se poser les questions : « À quoi ça sert ? Comment ça marche ? »

Les espaces de jeux ou d'activités	Les objets	Leur(s) matière(s)	Leurs qualités	Leur(s) fonction(s)
L'espace « toilette »	Gants Serviettes Tapis Éponges Paires de ciseaux Miroirs Peignes Brosses Flacons, bouteilles, tubes Barrettes, élastiques, pinces …	Plastique Poils Éponge Verre Bois Métal Tissu Cuir Liège Carton Papier Terre …	Lisse, rugueux Mou, dur Léger, lourd Froid, chaud, tiède Imperméable absorbant Flotte, coule Coupant Coupant Cassant Piquant, doux …	Peigner Attacher Laver Frotter Essuyer Voir Découper …
L'espace « cuisine »	Râpe Couteaux Fourchettes Louche Ouvre-boîte Moulin à salade Économe Décapsuleur Bouteilles Bouchons …			Éplucher Ouvrir Porter Couper Protéger Remuer Mélanger …

DOC 58 Explorer quelques espaces

CE QUI EST ATTENDU DES ENFANTS EN FIN D'ÉCOLE MATERNELLE	OBJECTIFS INTERMÉDIAIRES
Explorer le monde du vivant	
Reconnaître les principales étapes du développement d'un animal ou d'un végétal, dans une situation d'observation du réel ou sur une image. Connaître les besoins essentiels de quelques animaux et végétaux.	• Observer en classe le mode de vie d'un mammifère (cochon d'Inde, souris), d'un poisson, d'un oiseau. • Observer en classe le développement d'une plante. • La décrire physiquement aux différentes étapes de son développement et noter les changements. • Représenter ces différentes étapes.
	• Repérer les caractéristiques des lieux de vie de certains animaux ou d'humains (ex. : vie des enfants dans différents pays). • Repérer l'importance de l'eau, de la lumière pour l'être vivant.
Situer et nommer les différentes parties du corps humain, sur soi ou sur une représentation. ▷ **DOC 60** ▷ **FICHE DE PRÉPARATION N° 13**	• Nommer les différentes parties du corps humain. • Repérer ressemblances et différences entre enfants, entre enfants et adultes. • Distinguer le vivant du non-vivant. • Distinguer le réel de l'imaginaire. ▷ **DOC 61** • Exercer chacun des cinq sens. ▷ **DOC 57** • Déterminer les parties du corps permettant d'exercer telle perception. • Découvrir l'importance de chaque sens. • Décrire les caractéristiques d'un objet. • Identifier un objet en fonction de ses caractéristiques.
Connaître et mettre en œuvre quelques règles d'hygiène corporelle et d'une vie saine.	• Savoir se brosser les dents. • Connaître quelques règles simples d'hygiène (ne pas sucer les mêmes bonbons, mettre la main devant la bouche quand on tousse, bien se laver les mains avant de manger…). • Maintenir la propreté des locaux (classe, cour de récréation).
Prendre en compte les risques de l'environnement familier proche (objets et comportements dangereux, produits toxiques).	• Analyser des illustrations représentant des comportements dangereux dans la classe, dans la cour, en motricité.

L'éveil scientifique

- Susciter la curiosité puis le questionnement des enfants.
- Noter leurs questions ou leurs remarques lorsqu'elles se présentent. ▷ **DOC 59**

Observer tout au long de l'année **l'évolution des arbres de la cour** et de l'environnement proche. Représenter cette évolution. Tenter quelques explications.

Atelier de langage
En groupes de deux, retrouver dans une suite de photos, à partir de questions posées à un camarade, celle correspondant à une étape de la croissance d'une plante, d'un animal, d'un homme.

Comparer la façon dont on représente la vie d'un animal dans un livre documentaire et dans un album de jeunesse (Voir J. Barrett et R. Barrett, *Il ne faut pas habiller les animaux*, L'École des loisirs).

Quelle démarche pour explorer chacun des sens ?

- Explorer.
- Nommer, exprimer.
- Reconnaître.
- Classer.
- Consolider.
- Exprimer ses goûts.

Importance de l'audition

- Se déplacer à l'aide de bruits dans le préau.
- Le jeu du roi du silence.
- Apprendre à se parler par gestes pour exprimer des choses très simples.
- Écouter de la musique puis brancher des écouteurs ou des amplificateurs : que se passe-t-il ?
- Envisager ce qui peut se passer si l'on n'entend rien, à l'école, à la maison, dans la rue…
- Connaître quelques signes du langage des sourds-muets.

LES QUESTIONS QUE JE ME POSE

Pourquoi les feuilles des arbres tombent-elles ?

Pourquoi deviennent-elles marron ? | je sais |

Que mange le hamster ?

Où est la neige de la cour ? | je sais |

Pourquoi la peinture a séché ?

DOC 59 Exemple de fiche de questionnement scientifique

LE TOUR DE MON JARDIN

Je fais le tour de mon jardin
J'ouvre une fenêtre
J'ouvre l'autre fenêtre
J'essuie mes pieds sur le paillasson.
Dring !
Entrez !

(Remplacer certains mots de cette comptine par le nom des parties du visage.)

J'AI DEUX MAINS

J'ai deux mains
(Montrer la paume des mains.)

Elles sont propres
(Montrer le dos des mains.)

Elles se regardent
(Geste correspondant.)

Elles se tournent le dos
(Geste correspondant.)

Elles se croisent
(Geste correspondant.)

Elles se tapent
(Geste correspondant.)

Elles nagent
(Geste correspondant.)

Elles s'envolent
(Geste correspondant.)

Et puis elles s'en vont
(Geste correspondant.)

Derrière mon dos !
(Geste correspondant.)

COUCOU BÉBÉ !

Le ventre de maman
Est tout rond,
Comme un ballon.
Qui se cache là-dedans ?
Un bébé, me dit-on.
Le ventre de maman
Est tout plat.
Bébé est là,
Et je me sens très fière
D'avoir un petit frère.

Corinne Albaut, Sophie Arnould,
101 Poésies et Comptines des quatre saisons, © Bayard Jeunesse.

PATOUILLES ET BARBOUILLES

À l'école, le matin,
On patouille,
On gribouille,
On barbouille,
Et à la fin,
On se lave les mains.

Corinne Albaut, *Comptines de la tête aux pieds*, © Actes Sud Junior, 1998.

DOC 60 **Poésies et comptines pour découvrir le monde vivant**

EN GRIMPANT AU PLUS HAUT

En grimpant au plus haut
(La main droite grimpe sur le pouce gauche.)
J'ai eu mal au dos
En grimpant au plus pointu
(La main droite grimpe sur l'index gauche.)
Je n'ai rien vu
En grimpant au plus grand
(La main droite grimpe sur le majeur gauche.)
J'ai perdu mes gants
En grimpant au plus beau
(La main droite grimpe sur l'annulaire gauche.)
J'ai eu trop chaud
En grimpant au plus petit
(La main droite grimpe sur l'auriculaire gauche.)
Je me suis dit : « Ça suffit ! »

L'ESCARGOT

Quand un escargot
Porte sur son dos
Sa maisonnette
Aussitôt qu'il pleut
Il est tout heureux
Il sort la tête

MES MAINS

Elles se chatouillent	guili, guili, guili
Elles se grattent	cr, cr, cr
Elles se frappent	pan, pan, pan
Elles se pincent	aïe, aïe, aïe
Elles se frottent	ff, ff, ff
Elles se cognent	bang, bang, bang
Elles se caressent	lisses, lisses, lisses

Et tout disparaît

Fabriquer un herbier

- Récupérer à La Poste ou chez les parents de vieux bottins ou catalogues.
- Collecter, lors de promenades, une grande variété de feuilles.
- Apprendre à les faire sécher entre les pages des bottins.
- Observer chaque feuille, la décrire.
- Comparer les feuilles entre elles.
- Les reproduire.
- Présenter artistiquement ces feuilles dans l'herbier individuel.
- Chercher le nom des arbres dans quelques documentaires simples.

Éducation artistique

- Réaliser, à la manière du peintre Arcimboldo, des personnages ou des objets à l'aide de feuilles.
- Décorer des cadres, des cartes, des vide-poches… avec des feuilles.

DOC 61 Les feuilles des arbres

Fiche de préparation n° 13

Compétence de fin de cycle

Situer et nommer les différentes parties du corps humain, sur soi ou sur une représentation.

Objectif spécifique

Identifier un objet en fonction de ses qualités physiques.

Organisation de la classe

Collective pour la phase de présentation du jeu, puis en groupes.

Durée de l'activité

15 min.

Matériel

– Bouteilles en plastique ou en verre, verre, gobelet en plastique, pelote de ficelle, pelote de laine, gant de toilette en éponge, gant de boxe en cuir, brosse à cheveux, brosse à dents…
Les objets doivent être variés, mais assez proches parfois (ficelle/laine, plastique/verre…).
– Dessins ou photos illustrant ces différents objets, plus quelques intrus.
– Sac opaque.

Déroulement de la séquence

• **Collectivement**
Présenter le jeu : il s'agit d'identifier l'objet que l'enseignant touche, voit, mais que les élèves ne voient pas.
L'enseignant décrit l'objet très lentement ;
les élèves devront alors retirer les cartes qui ne conviennent pas parmi le stock d'illustrations fourni. Le repérage de l'objet se fera donc par déduction et tris successifs.

• **En petits groupes**
Par exemple, il s'agit d'identifier la pelote de laine.
Description : *« C'est doux. »* Les élèves doivent, après l'avoir justifié, retirer les deux brosses…
Description : *« C'est mou. »* Les élèves doivent, après l'avoir justifié, retirer les deux bouteilles, les verres…
L'illustration des objets aide les élèves à réfléchir.

Difficultés anticipées, rôle du maître

• La consigne est mal comprise, les élèves donnent le nom de l'objet sans procéder aux tris.
⇒ Rappeler la démarche qui doit rester très progressive.

• Les élèves nomment les objets trop rapidement et avec des erreurs.
⇒ Encourager la justification *(« J'enlève la bouteille parce qu'elle n'est pas molle. »)*

Évaluation

• Identification réussie de 2 ou de 3 objets.
• Mise en œuvre d'une démarche progressive.

Prolongements

• Demander à chaque élève de chaque groupe de devenir le meneur du jeu.
• Travailler sur tous les objets d'un même espace, mêler les ressources de deux espaces, choisir des objets en fonction exclusive de leur texture ou de leur forme…

Fiche de préparation n° 14

Compétence de fin de cycle

Choisir, utiliser et savoir désigner des outils et des matériaux adaptés à une situation, à des actions techniques spécifiques (plier, couper, coller, assembler, actionner…).

Objectifs spécifiques

- Étudier le fonctionnement d'un outil.
- Respecter des règles de sécurité.

Organisation de la classe

D'abord en petits groupes afin de permettre les indispensables manipulations en toute sécurité, puis phase collective.

Durée de l'activité

– 30 min en groupe (15 min de manipulation).
– 15 min collectivement.

Matériel nécessaire

– Différentes paires de ciseaux : à bouts ronds ou pointus, petits ou grands, utilisés en classe, par l'enseignant, pour la toilette, à lame crantée ou non…
– Cartons, papiers, tissus, plastiques… de textures différentes, bois, laine…

Déroulement de la séquence

- **En groupes**

– **Phase d'observation** des différentes paires de ciseaux. Les décrire les uns après les autres. Ceci permettra aux enfants de réutiliser le vocabulaire acquis (paire de ciseaux, lames, embout…).
Les comparer deux à deux : points communs, différences.

– **Phase libre de manipulation :** mettre à disposition des élèves différents matériaux à découper. Ces manipulations permettent de comprendre que certains outils sont plus faciles à utiliser que d'autres, qu'ils sont plus efficaces pour tel ou tel matériau, plus rapides…

– **Phase de bilan :** à l'issue de la phase de manipulation, demander aux enfants quels constats ils font, ce qu'ils sont parvenus à découper, avec quelle paire de ciseaux… Quelles précautions il faut prendre pour ne pas se blesser (attention à ne rien mettre dans la bouche) ou blesser un copain.

- **Synthèse collective**

Lorsque tous les groupes ont manipulé, procéder à un regroupement collectif.
- Présenter les différents matériaux ; rechercher la paire de ciseaux qui convient le mieux à chacun d'entre eux.
- Rappeler les règles de sécurité.

Difficultés anticipées, rôle du maître

- Les élèves ne savent pas utiliser correctement l'outil.

⇒ Aider les enfants à bien positionner leurs doigts, orienter leur outil…

Évaluation

- Meilleure utilisation de l'outil lors des activités.
- Le début d'un choix face au découpage de matériaux différents.

Prolongements, variantes

- Faire dessiner les différentes paires de ciseaux ouvertes et fermées.
- Démarche à adopter pour découvrir d'autres sortes d'outils usuels.

Proposition de programmation annuelle

	1er TRIMESTRE	2e TRIMESTRE	3e TRIMESTRE
EXPLORER LE MONDE DE LA MATIÈRE ET DES OBJETS	• Nommer les matières de la vie courante. • Décrire leurs caractéristiques physiques.	• Classer certaines matières en fonction d'une caractéristique commune.	• Citer plusieurs objets composés d'une certaine matière. • Observer la transformation de certaines matières.
	• Réunir le maximum d'objets disponibles dans un espace de jeux ou d'activités : les nommer, les décrire, les classer. • Étudier le fonctionnement d'outils simples. • Réaliser des constructions simples (tours, ponts, habitations…).	• Classer au sein d'un même espace ou entre espaces les objets en fonction de leur matière, de leurs qualités ou de leur usage. • Utiliser de manière autonome, un magnétophone, un baladeur. • Réaliser la maquette d'un atelier de motricité.	• Choisir l'objet le plus approprié à un usage (ex. : « Qu'est-ce qui permettra de couper le mieux ce carton ? »). • Choisir les outils nécessaires à une action. • Visiter des boutiques d'artisans (ex. : la boulangerie). • Réaliser des constructions à partir d'un modèle.
EXPLORER LE MONDE DU VIVANT	• Exercer chacun des cinq sens. • Déterminer les parties du corps permettant d'exercer telle perception. • Découvrir l'importance de chaque sens. • Décrire les caractéristiques d'un objet.		
	• Observer en classe le développement d'une plante. • La décrire physiquement aux différentes étapes de son développement et noter les changements. • Représenter ces différentes étapes. • Savoir se brosser les dents.	• Nommer les différentes parties du corps humain. • Repérer ressemblances et différences entre enfants, entre enfants et adultes. • Distinguer le vivant du non-vivant. • Distinguer le réel de l'imaginaire. • Maintenir la propreté des locaux (classe, cour de récréation).	• Observer en classe le mode de vie d'un mammifère (cochon d'Inde, souris), d'un poisson, d'un oiseau. • Repérer les caractéristiques des lieux de vie de certains animaux ou d'humains (ex. : vie des enfants dans différents pays). • Repérer l'importance de l'eau, de la lumière pour l'être vivant. • Connaître quelques règles simples d'hygiène (ne pas sucer les mêmes bonbons, mettre la main devant la bouche quand on tousse, bien laver ses mains avant de manger…). • Analyser des illustrations représentant des comportements dangereux dans la classe, dans la cour, en motricité.

SE REPÉRER DANS LE TEMPS ET L'ESPACE

BO

« Dès leur naissance, par leurs activités exploratoires, les enfants perçoivent intuitivement certaines dimensions spatiales et temporelles de leur environnement immédiat. Ces perceptions leur permettent d'acquérir, au sein de leurs milieux de vie, une première série de repères, de développer des attentes et des souvenirs d'un passé récent. Ces connaissances demeurent toutefois implicites et limitées. L'un des objectifs de l'école maternelle est précisément de les amener progressivement à considérer le temps et l'espace comme des dimensions relativement indépendantes des activités en cours, et à commencer à les traiter comme telles. Elle cherche également à les amener à dépasser peu à peu leur propre point de vue et à adopter celui d'autrui. »

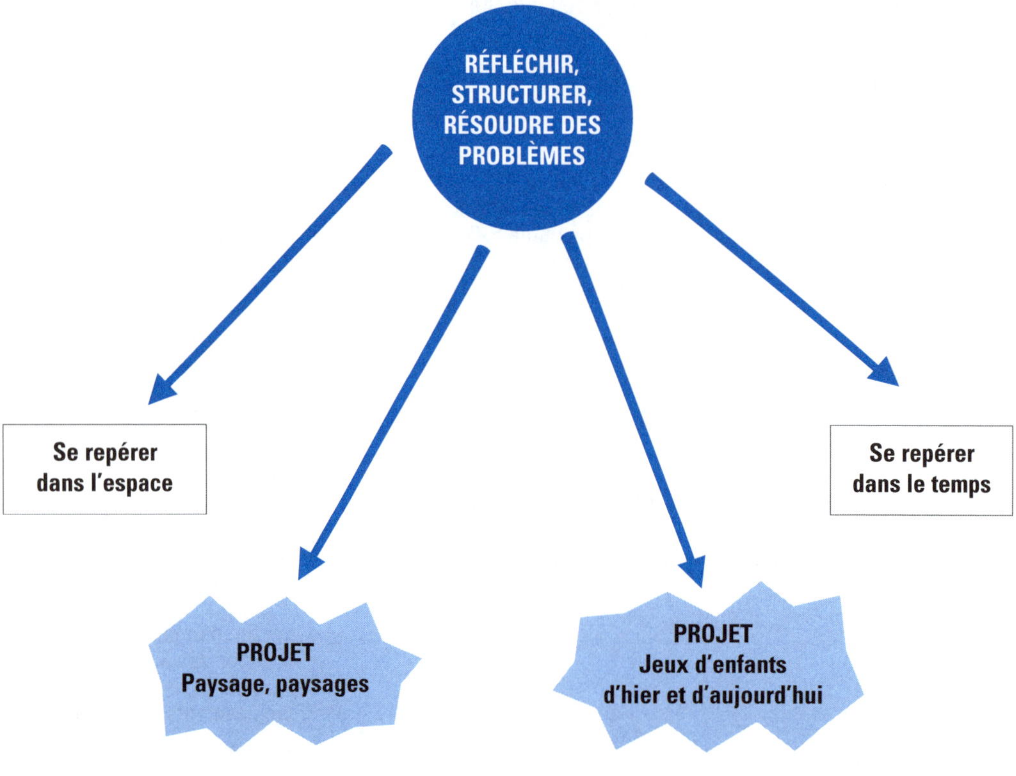

Se repérer dans l'espace

Les compétences

Les compétences relatives à la structuration de l'espace vont se construire tout au long de l'école maternelle. Ces dernières prennent en considération l'**espace très familier**, mais doivent progressivement s'étendre à des **environnements moins ordinaires** (espace feuille, collections d'objets disposés provisoirement, lieux inconnus...).
La communication instaurée, au sein de la classe, sur l'étude de ces milieux impose la prise en compte du **point de vue de l'autre**. Cette **décentration** est complexe et doit faire l'objet d'une attention spécifique de la part de l'enseignant, qui doit impérativement créer des conditions favorables à l'écoute mutuelle et aux échanges entre élèves, lors des regroupements collectifs ou au cours des ateliers.

Le **langage** est au cœur de ces apprentissages, car la maîtrise de termes précis permet de situer les objets, les personnes et leurs déplacements (ex. : « au-dessus », « en dessous », « à droite », « à gauche »...).

Les **situations-problèmes** proposées aux enfants devront donc être fréquentes, en liaison directe avec les activités de la classe, et s'appuyer sur un vécu commun concret qui donnera du sens aux activités présentées (ex. : décrire ou représenter un lieu visité, lors d'une sortie).
La construction de **maquettes**, puis l'élaboration de **dessins**, permettra progressivement de se faire une représentation du monde plus organisée et construite.
Une liaison étroite avec les **activités plastiques** (sculptures, maquettes, photographies) et la **littérature de jeunesse** (ex. : description de lieux dans des albums) viendra judicieusement renforcer l'étude de ces **notions complexes**.

Organiser les progressions

CE QUI EST ATTENDU DES ENFANTS EN FIN D'ÉCOLE MATERNELLE	OBJECTIFS INTERMÉDIAIRES
Situer des objets par rapport à soi, entre eux, par rapport à des objets repères.	• Situer les différentes parties de son corps. • Situer les différentes parties d'un objet. ▷ **DOC 62** • Acquérir ou consolider les termes de localisation. • Reconstituer les différentes parties d'un objet ou d'un personnage.
Utiliser des marqueurs spatiaux adaptés (devant, derrière, droite, gauche, dessus, dessous…) dans des récits, descriptions ou explications. ▷ **DOC 64**	• Décrire à partir de photos, d'illustrations, de dessins d'enfants les positions des personnages. ▷ **FICHE DE PRÉPARATION N° 15 ET DOC 63** • Décrire des espaces illustrés dans des albums de jeunesse, dans des productions plastiques, sur des photos… • Identifier un espace à partir de la description qui en est faite. • Associer différentes photos d'un même espace. ▷ **FICHE DE PRÉPARATION N° 16**
Orienter et utiliser correctement une feuille de papier, un livre ou un autre support d'écrit, en fonction de consignes, d'un but ou d'un projet précis.	• Distinguer le haut, le bas, le milieu. • Citer les éléments d'une illustration situés en haut, en bas… de la page.

– En haut de/en bas de ; sur/sous.
– En avant/en arrière ; devant/derrière.
– A droite de.
– Au-dessus de/au-dessous de.
– En face de.
– Ici/là ; loin de/près de.
– Vers.

DOC 62 Le lexique spatial à acquérir

Comparer les représentations de l'école dans les albums de jeunesse à notre classe…

L'enseignant a à l'esprit un espace de l'école et doit le faire identifier par les élèves. Placer au tableau plusieurs photos des différents espaces de l'école. Donner très progressivement les caractéristiques de cet espace.
Les élèves doivent retirer les photos ne correspondant pas à ces caractéristiques.
Dès que l'espace est identifié, on récapitule ses caractéristiques.

Comparer la chambre de Petit Ours à celle du peintre Van Gogh, puis à celle de l'enfant lui-même.

Vincent Van Gogh, *La Chambre à Arles*, 1889.
Musée d'Orsay, Paris.

DOC 63 **Comparer des espaces proches en les décrivant**

DOC 64 Quelques exemples d'un lexique illustré des positions

Les fiches de préparation de l'enseignant

Fiche de préparation n° 15

Compétence de fin de cycle

Utiliser des marqueurs spatiaux adaptés (devant, derrière, droite, gauche, dessus, dessous…) dans des récits, descriptions ou explications.

Objectif spécifique

Décrire à partir de photos, d'illustrations, de dessins d'enfants les positions des personnages.

Organisation de la classe

Collectif puis en ateliers de langage.

Durée

15 min collectivement et petites séances de 15 min en ateliers.

Matériel nécessaire

Plusieurs cartes illustrant des personnages dans différentes positions.

Déroulement

- **Collectivement**

– Faire décrire les cartes du jeu, ce qui permet la découverte ou la consolidation du vocabulaire spécifique.
– Présenter le jeu : il consiste, pour l'animateur qui est d'abord l'enseignant, à choisir une carte sans la montrer (toutes les cartes sont sur la table) et de la faire trouver par les élèves.

- **En groupes**

– Étape 1 : l'enseignant décrit le personnage, les élèves l'identifient et restituent ses caractéristiques.
– Étape 2 : les élèves posent des questions (*« Ses bras sont en haut ? »*), l'enseignant répond par « oui » ou par « non ».
Le premier élève qui trouve gagne un point.

Difficultés anticipées, rôle du maître

- Certains élèves ont du mal à comprendre les termes employés.

⇒ Leur mimer, leur montrer le geste sur une carte.

- Certains élèves ont du mal à mémoriser les caractéristiques du personnage.

⇒ Entraîner à des répétitions reprenant progressivement les caractéristiques données.

Évaluation

- Identification des personnages.
- Utilisation d'un lexique précis.

Variante

Un élève prend la place de l'enseignant.

Fiche de préparation n° 16

Compétence de fin de cycle

Utiliser des marqueurs spatiaux adaptés (devant, derrière, droite, gauche, dessus, dessous…) dans des récits, descriptions ou explications.

Objectif spécifique

Associer différentes photos d'un même espace de la classe.

Organisation de la classe

Par petits groupes.

Durée

Plusieurs séances de 15 min.

Matériel nécessaire

Des photos prises dans 5 ou 6 espaces de jeux ou d'activités de la classe.
Ces photos mettent en lumière une partie de l'espace.
Par exemple, pour l'espace « Marchande de fruits et légumes », fournir les photos suivantes : un panier, une partie de la caisse enregistreuse, un pied de table, une partie de la table…

Déroulement

• **En petits groupes**

– **Consigne :** « Je vais vous montrer des photos. Vous allez en choisir une pour deux élèves. Quand vous aurez reconnu l'endroit, vous irez vous placer dans cet espace avec la photo et vous me le montrerez. »

– Les élèves ont, dans un premier temps, du mal à identifier l'espace. Leur dire qu'ils peuvent se déplacer avec leur photo dans la classe.

Consigne : « Attention ! on ne voit qu'une petite partie de l'endroit. Il faut regarder attentivement. Allez-y. »

• **Synthèse collective**

Faire le point du résultat des recherches et procéder aux vérifications.
Demander aux élèves d'expliquer aux autres ce qu'ils ont vu.

Difficultés anticipées, rôle du maître

• Les élèves ont du mal à comprendre la consigne.

⇒ Leur donner un exemple à aborder directement avec eux.

• Les élèves ne voient pas bien les détails.

⇒ Faire comprendre qu'un détail est une partie, un morceau.

Évaluation

• Lecture aisée des photos.
• Observation réfléchie de l'espace.

Variante

Un travail du même type peut être réalisé à partir de photos d'espaces de l'école très, puis peu fréquentés par les élèves eux-mêmes.

Proposition de programmation annuelle

	1er TRIMESTRE	2e TRIMESTRE	3e TRIMESTRE
SE REPÉRER DANS L'ESPACE	• Situer les différentes parties de son corps. • Distinguer le haut, le bas, le milieu.	• Situer les différentes parties d'un objet. • Reconstituer les différentes parties d'un objet ou d'un personnage. • Citer les éléments d'une illustration situés en haut, en bas… de la page. • Associer différentes photos d'un même espace.	• Décrire à partir de photos, d'illustrations, de dessins d'enfants les positions des personnages. • Décrire des espaces illustrés dans des albums de jeunesse, dans des productions plastiques, sur des photos… • Identifier un espace à partir de la description qui en est faite.
	• Acquérir ou consolider les termes de localisation.		

Se repérer dans le temps

Les compétences

La structuration du temps à l'école maternelle vise principalement à aider l'enfant à passer d'un temps personnel, subjectif et éclaté, à un temps continu, organisé, structuré et intelligible.
L'acquisition du vocabulaire qui en découle met en évidence le lien étroit qui existe entre cet apprentissage et la maîtrise de la langue (ex. : avant, après, hier, aujourd'hui, demain...).

L'organisation temporelle se structure à partir du temps de l'énonciation (maintenant) qui détermine deux repères distincts : l'avant et l'après. Les différents moments (hier, maintenant, ce matin, l'après-midi, demain) deviennent des durées rythmées par le vécu social et familial.
Pour faciliter cette structuration, l'enseignant est amené à organiser, au sein de sa classe, un travail quotidien qui vise principalement l'installation de moments précis dans des jalons chronologiques du temps social (succession des moments de la journée : le lever, le matin, le midi, l'après-midi, l'heure des mamans ; de la semaine, du mois, des mois de l'année...). ▷ **DOC 65**
L'utilisation fréquente d'outils servant à mesurer ou à prendre conscience du temps qui passe permettra des prises de repères indispensables (calendrier, échéancier, emploi du temps...).

Par ailleurs, le travail mené sur la structuration du temps doit souvent prendre en considération la structuration de l'espace (ex. : le temps mis pour parcourir une certaine distance ou pour atteindre un point préalablement défini).

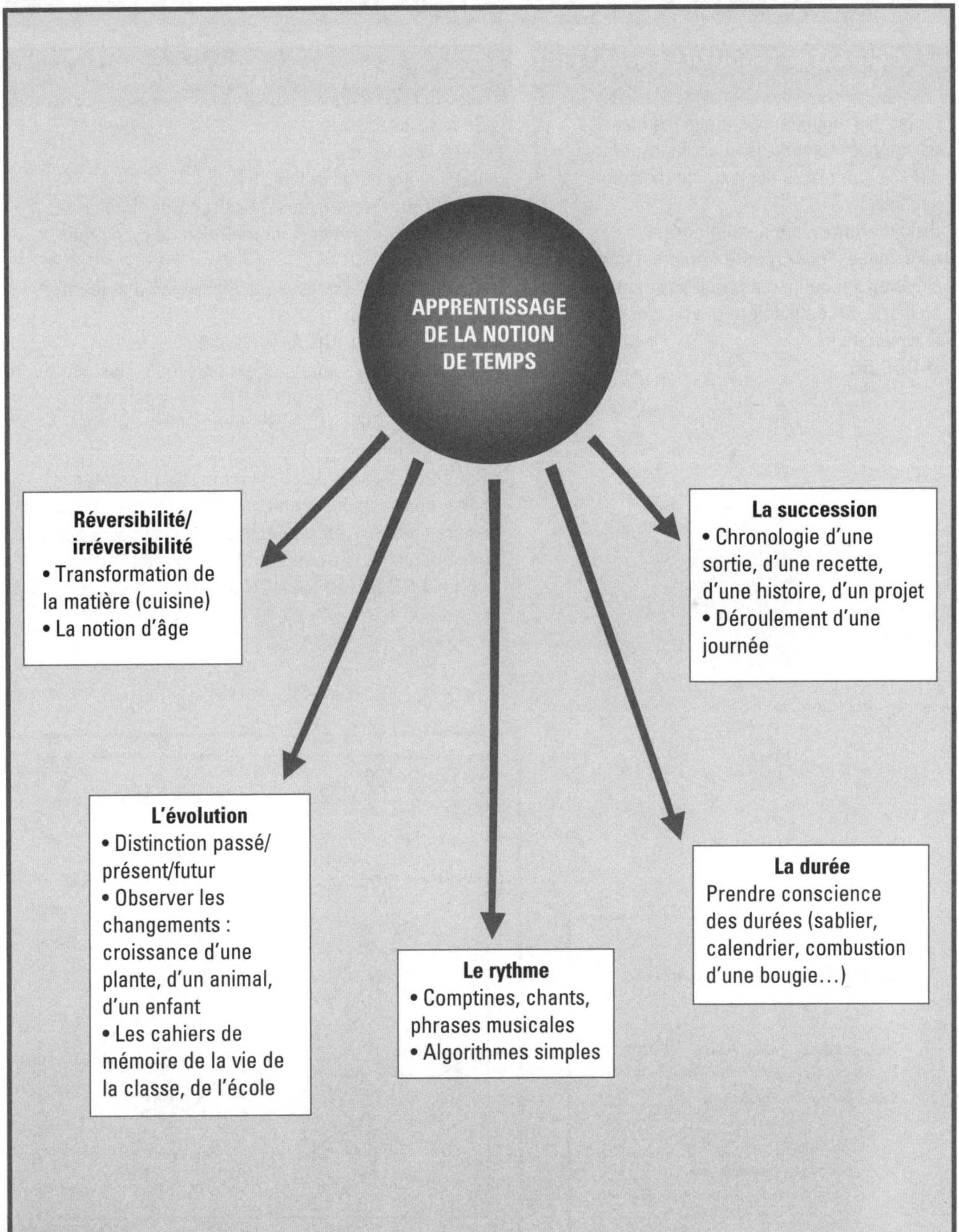

DOC 65 Les premiers concepts

Organiser les progressions

CE QUI EST ATTENDU DES ENFANTS EN FIN D'ÉCOLE MATERNELLE

Situer des événements vécus les uns par rapport aux autres et en les repérant dans la journée, la semaine, le mois ou une saison.
Ordonner une suite de photographies ou d'images, pour rendre compte d'une situation vécue ou d'un récit fictif entendu, en marquant de manière exacte succession et simultanéité.
▷ **DOC 66**

OBJECTIFS INTERMÉDIAIRES

• Se repérer :
– dans la journée ;
– dans la semaine. ▷ **DOC 67**
• Rechercher les moyens de se repérer dans la journée (type d'activité, intervention de tel ou tel adulte…).
• Reconstituer l'histoire de la classe sur une journée, sur deux journées.
▷ **FICHE DE PRÉPARATION N° 17**
• Préciser si un événement est plus long, plus court, de même durée qu'un autre (ex. : qui a couru le plus vite ? Quel est le cerceau qui tourne le plus longtemps ?…).
• Raconter, à l'aide de supports divers (illustrations, objets, dessins), des moments vécus (sorties scolaires, histoires lues…), en respectant la chronologie des événements ou la trame narrative du récit.
▷ **FICHE DE PRÉPARATION N° 18**

- Avant, après, maintenant.
- Aujourd'hui, hier, demain, ce soir, ce matin.
- D'abord, après.

DOC 66 Lexique et chronologie

DOC 67 Prendre des repères dans le temps

Les fiches de préparation de l'enseignant

Fiche de préparation n° 17

■ Compétence de fin de cycle

Situer des événements vécus les uns par rapport aux autres et en les repérant dans la journée, la semaine, le mois ou une saison.

■ Objectif spécifique

Se repérer dans la journée.

■ Organisation de la classe

Par groupes de 6 élèves rassemblés autour de l'enseignant pour observer des photos prises à l'école, à des moments différents de la journée.

■ Durée de l'activité

3 séances de 15 min.

■ Matériel nécessaire

– Plusieurs photos qui représentent des moments précis d'une journée type à l'école (l'arrivée, l'accueil, le regroupement...).
– Une grande feuille séparée en deux.
– Colle.

■ Déroulement

• Phase de découverte

– Le groupe d'élèves observe chaque photo. Les photos circulent entre les élèves qui les commentent librement.
– L'enseignant traite ensuite chaque photo et demande si l'activité représentée a lieu le matin ou l'après-midi.
Toutes les réponses doivent être justifiées.

• Phase de traitement et de synthèse

Procéder alors au classement des photos.
L'enseignant fait récapituler les activités qui ont lieu le matin puis l'après-midi.
La mise en mémoire est essentielle ; elle s'exprimera grâce à l'emploi d'un vocabulaire spécifique.

■ Difficultés anticipées, rôle du maître

• Les élèves ont du mal à lire certaines photos.
⇒ Faire décrire la photo, faire évoquer la scène vécue par les enfants.

• Ils ont du mal à prendre des points de repère.
⇒ Proposer des repères du type : *« C'est avant le repas de midi ou avant l'heure des mamans ? »*

■ Évaluation

Les élèves situent bien les événements entre eux.

■ Prolongement

Un travail du même type peut être effectué avec les mêmes photos, l'objectif étant alors de situer entre elles les activités de chaque demi-journée.

Fiche de préparation n° 18

Compétence de fin de cycle

Ordonner une suite de photographies ou d'images, pour rendre compte d'une situation vécue ou d'un récit fictif entendu, en marquant de manière exacte succession et simultanéité.

Objectif spécifique

Reconstruire l'ordre chronologique d'un événement.

Organisation de la classe

Collectivement ou en petits groupes.

Durée de l'activité

20 min.

Matériel nécessaire

– 5 illustrations d'un album lu en classe.
– Aimants ou pinces à linge pour accrocher les illustrations dans l'ordre.

Déroulement

• **Travail antérieur**

Un album de la bibliothèque est lu collectivement à la classe.
L'enseignant en extrait 5 illustrations marquant les temps forts de l'histoire.

• **Travail collectif**

Faire rappeler le moment évoqué par chaque illustration, puis demander aux élèves de classer ces illustrations chronologiquement.

• **Synthèse collective**

Reprendre les erreurs après avoir fait redire l'histoire, illustrations à l'appui.
Valider enfin le classement et faire un rappel structuré de l'histoire.

Difficulté anticipée, rôle du maître

• Les enfants ont du mal à classer les illustrations.

⇒ Reprendre le récit depuis le début, très lentement, et s'arrêter aux temps forts illustrés.

Évaluation

Individuellement, l'enseignant procède à cette même activité, quelques jours plus tard.

Prolongement

Augmenter le nombre d'illustrations à prendre en compte.

Proposition de programmation annuelle

	1er TRIMESTRE	2e TRIMESTRE	3e TRIMESTRE
STRUCTURER LE TEMPS	• Situer des événements les uns par rapport aux autres (succession). • Se repérer : – dans la journée ; – dans la semaine. • Rechercher les moyens de se repérer dans la journée (type d'activité, intervention de tel ou tel adulte…).	• Reconstituer l'histoire de la classe sur une journée, sur deux journées. • Pouvoir exprimer et comprendre les oppositions entre présent et passé, présent et futur, en utilisant correctement les marques temporelles et chronologiques.	• Préciser si un événement est plus long, plus court, de même durée qu'un autre (ex. : qui a couru le plus vite ? Quel est le cerceau qui tourne le plus longtemps ?…).
EXPRIMER LE TEMPS	• Raconter, à l'aide de supports divers (illustrations, objets, dessins), des moments vécus (sorties scolaires, histoires lues…), en respectant la chronologie des événements ou la trame narrative du récit.		

Construire les premiers outils pour structurer sa pensée

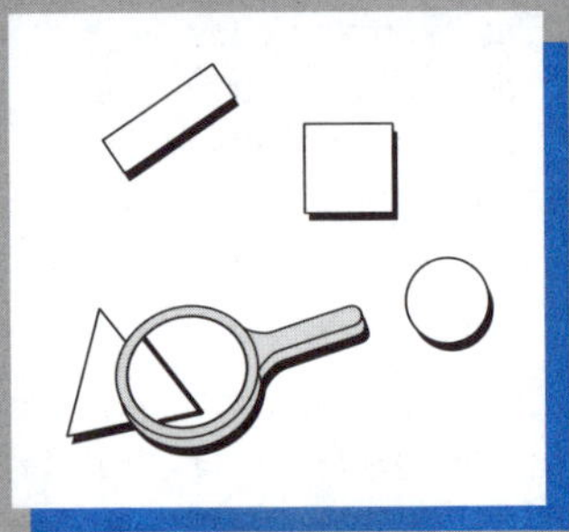

Découvrir les nombres et leurs utilisations

Explorer des formes, des grandeurs, des suites organisées

Découvrir les nombres et leurs utilisations

BO

« La construction du nombre s'appuie sur la notion de quantité, sa codification orale et écrite, l'acquisition de la suite orale des nombres et l'usage du dénombrement. Chez les jeunes enfants, ces apprentissages se développent en parallèle avant de pouvoir se coordonner : l'enfant peut, par exemple, savoir réciter assez loin la comptine numérique sans savoir l'utiliser pour dénombrer une collection.
Dans l'apprentissage du nombre à l'école maternelle, il convient de faire construire le nombre pour exprimer les quantités, de stabiliser la connaissance des petits nombres et d'utiliser le nombre comme mémoire de la position. L'enseignant favorise le développement très progressif de chacune de ces dimensions pour contribuer à la construction de la notion de nombre. Cette construction ne saurait se confondre avec celle de la numération et des opérations qui relèvent des apprentissages de l'école élémentaire. »

Les objectifs

- **Construire le nombre pour exprimer les quantités**
- **Stabiliser la connaissance des petits nombres**
- **Utiliser le nombre pour désigner un rang, une position**
- **Construire des premiers savoirs et savoir-faire avec rigueur**
  - Dénombrer
  - Écrire les nombres avec les chiffres
  - Acquérir la suite orale des mots-nombres

Quelques repères

À l'école maternelle, l'enfant doit être confronté fréquemment à des jeux et à des problèmes portant sur les quantités. En effet, si les nombres sont parfois utilisés par les élèves, ils ne sont pas nécessairement reliés à l'idée de **quantité** ou de **position**.
La distinction entre **cardinal** et **ordinal** permet de mettre en évidence deux types d'activités spécifiques :
– la possibilité d'évoquer une quantité sans que celle-ci soit présente ou de l'utiliser rapidement dans une situation concrète (la mémoire de la quantité) ;
– se souvenir de la place d'un objet dans une liste rangée sans avoir à mémoriser la totalité des éléments (la mémoire de position).

Quelles sont les tâches réalisables lors des activités de classe ?

- **Des comparaisons** (ex. : comparer le nombre de cartes que possèdent des joueurs à la fin d'un jeu de société).
- **Des distributions** (ex. : distribuer des biscuits dans un sens précis).
- **Des réalisations de collections** (ex. : rassembler des objets d'une même forme).
- **Des activités de dénombrement** (ex. : compter le nombre de paires de ciseaux nécessaires à un atelier).

Quelles procédures de résolutions les élèves utilisent-ils ?

- Des estimations perceptives ou globales (plus, moins, pareil, beaucoup, pas beaucoup).
- La correspondance terme à terme.
- La quantification.
- Le rangement (ordre croissant ou décroissant).

Quelles situations et quels problèmes peut-on proposer aux élèves ?

Les activités proposées doivent, principalement, viser **la perception instantanée**, **la comparaison de collections à des collections naturelles** (ex. : les doigts de la main) **ou à des collections repères** (ex. : les constellations d'un dé), **le dénombrement en utilisant la comptine numérique**.
Il est essentiel de **donner du sens aux nombres utilisés**. Les situations proposées doivent être motivantes : des jeux et des résolutions de problèmes (situations vécues, mimées ou racontées oralement). Les nombres doivent apparaître comme des outils utiles et efficaces.

Comment aborder les notions étudiées ?

Proposer des situations qui s'inscrivent dans des projets concrets (préparer un goûter, distribuer le matériel pour les ateliers de motricité, garder la trace d'une recette de cuisine…).

Quelles sont les difficultés que rencontrent les élèves ?

Les erreurs de perception

Pour Piaget, trois notions doivent être perçues chez l'élève pour qu'il développe des compétences numériques :
– la conservation numérique de l'extension d'une collection (la quantité se conserve comme un invariant, malgré les transformations que subit l'objet ; ex. : même quantité de 0 dans 0000 que dans 0   0   0   0) ;
– la sériation des longueurs (ex. : être capable de ranger des pailles ou des ficelles, de la plus courte à la plus grande) ;
– l'inclusion des classes (ex. : dans un bouquet qui contient des roses et des marguerites, demander s'il y a plus de fleurs ou de roses).
Nous ajouterons, à la maîtrise de ces trois notions, la nécessité pour l'enfant d'intérioriser et d'organiser des actions à partir de situations concrètes.

COMPARAISON	CONSERVATION
« Quelle est la bande la plus longue ? » 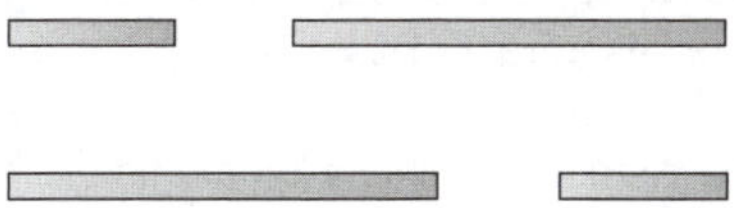 « Quelle est la ficelle la plus longue ? » 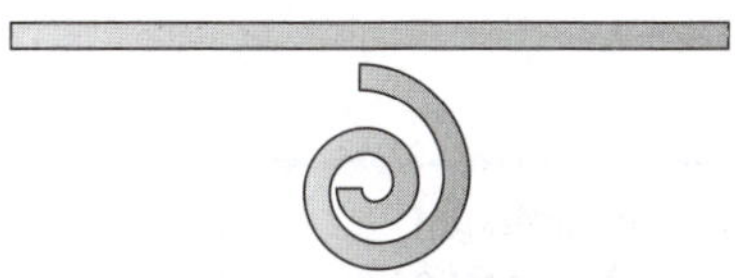	« Où y a-t-il le plus de points ? » 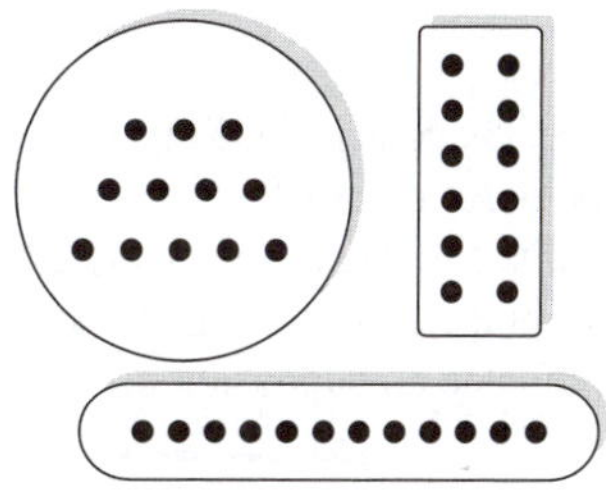
CORRESPONDANCE	**SÉRIATION**
Construction d'une collection équivalente. 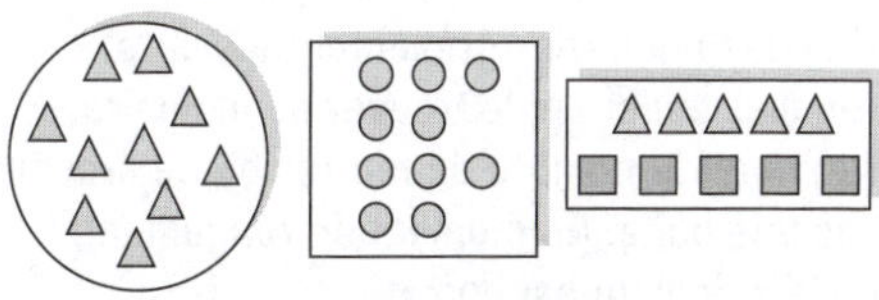	Objets non comparables par juxtaposition. 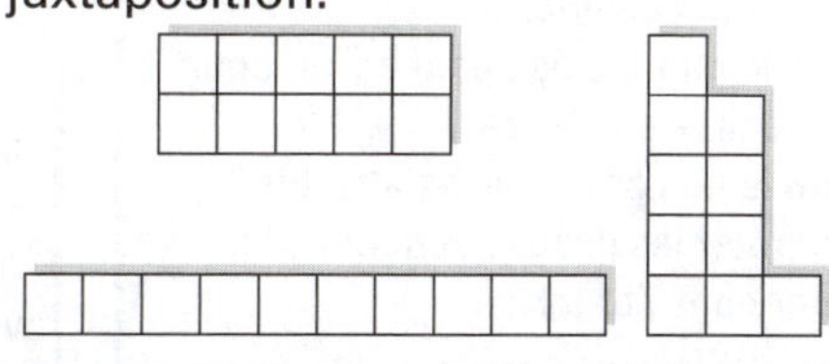

Organiser les progressions

CE QUI EST ATTENDU DES ENFANTS EN FIN D'ÉCOLE MATERNELLE	OBJECTIFS INTERMÉDIAIRES
Évaluer et comparer des collections d'objets avec des procédures numériques ou non numériques.	• Évaluer par estimation purement visuelle, par correspondance terme à terme. • Exprimer, par le vocabulaire approprié, le résultat de la comparaison : moins que, autant que, plus que.
Réaliser une collection dont le cardinal est donné. Utiliser le dénombrement pour comparer deux quantités, pour constituer une collection d'une taille donnée ou pour réaliser une collection de quantité égale à la collection proposée.	• Reconnaître les configurations des dés, des cartes à jouer… • Associer différentes configurations entre elles.
Dire la suite des nombres jusqu'à trente. Lire les nombres écrits en chiffres jusqu'à dix.	• Réciter la comptine des nombres : la liste des noms des nombres, puis son extension (jusqu'à 10 en MS). ▷ **DOC 69** • Réciter en intercalant un mot : un garçon, deux garçons…
Dire la suite des nombres jusqu'à trente. Lire les nombres écrits en chiffres jusqu'à dix.	• Nommer les nombres jusqu'à 10. • Reconnaître l'écriture des nombres connus placés dans l'ordre. ▷ **FICHE DE PRÉPARATION N° 19** • Reconnaître l'écriture des nombres connus placés dans le désordre. ▷ **DOC 68**
Quantifier des collections jusqu'à dix au moins ; les composer et les décomposer par manipulations effectives puis mentales. Dire combien il faut ajouter ou enlever pour obtenir des quantités ne dépassant pas dix.	• Réaliser une distribution simple, un par un. • Partager des collections.

Quand utiliser les premiers nombres en classe ?
- Jeu d'imitation : **composer** le numéro de téléphone de la maison.
- **Noter** le prix des légumes et des fruits dans le coin épicerie.
- **Écrire** le numéro des pages d'un court album réalisé en classe.
- **Écrire** le nombre d'élèves absents.
- **Numéroter** les images séquentielles à placer dans l'ordre…

Jeu de la bataille en utilisant des cartes jusqu'à 4, 5 et 6 : celui qui a la carte la plus faible doit donner sa carte. C'est celui qui a le plus de cartes à la fin du jeu qui a gagné.

- **Jeu de Kim** des nombres : présenter plusieurs nombres, en dissimuler un, le trouver de mémoire.
- Compter et noter le nombre de feutres ou de crayons rangés dans une boîte. Au moment du rangement, vérifier que le « compte est bon ».

• **Comparer** le nombre de parts de gâteau et le nombre d'étiquettes-prénoms, le nombre de chaises de la classe et le nombre d'étiquettes-prénoms (question : « Peut-on tous s'asseoir en même temps sur une chaise ? »), etc.
• Utiliser des **outils structurés** (échelles, bandes) pour comparer des collections.

On peut utiliser assez tôt des dés en classe à condition d'occulter, à l'aide de gommettes, les constellations non encore explorées. Ainsi, plusieurs jeux de société peuvent être rapidement utilisés par les enfants.

MÉMORISER L'ÉCRITURE DES CHIFFRES

• Le reproduire avec de la pâte à modeler.
• Tracer le chiffre avec un doigt mouillé au tableau, dans de la farine, sur du sable…
• Le copier en repassant sur le modèle inséré dans une pochette plastifiée.
• S'entraîner à le recopier avec, puis sans modèle.
• Identifier par le toucher les chiffres dont la silhouette en bois, en carton, en plastique, en tissu épais… est collée sur une étiquette.
• Reconnaître le chiffre, yeux fermés, grâce à sa silhouette.
• Jeu de Kim des chiffres.
• Découper des silhouettes de chiffres.
• Identifier très rapidement l'étiquette-chiffre présentée.

LA BANDE NUMÉRIQUE

• Des collections de référence (de 0 à 10).
• Les constellations.
• Les chiffres.
• Les mots.

LA FRISE NUMÉRIQUE

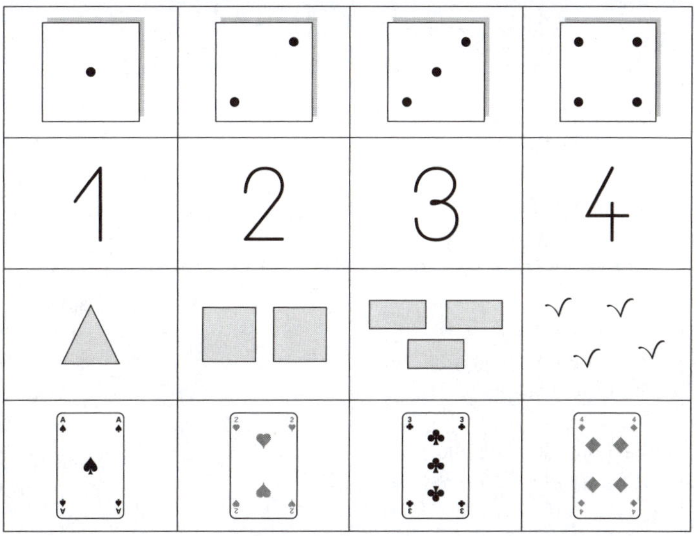

DOC 68 Explorer l'écriture des chiffres

Un beau papillon

Un beau papillon
Vole, vole, vole,
Vole dans ma maison
Il chante, il rigole
1, 2, 3, 4, beau papillon
1, 2, 3, 4, dans ma maison.

Dîner

Un nez, deux nez, trois nez, quatre nez, cinq nez, six nez, sept nez, huit nez, neuf nez, dîner !

Qui fera la bonne galette ?

Qui fera la bonne galette ?
La galette qui la mangera ?
Ce sera toi, ce sera moi,
Ce sera celle que tu choisiras
1, 2, 3, 4, 5, 6
Et voilà le roi et la reine
Et voilà la reine et le roi.

Ma petite vache a mal aux pattes

1, 2, 3, 4
Ma petite vache a mal aux pattes
Tirons-la par la queue
Elle ira bien mieux.

Chaussettes

Chaud un, chaud deux, chaud trois, chaud quatre, chaud cinq, chaud six, chaussettes !

Bandits

Banc un, banc deux, banc trois, banc quatre, banc cinq, banc six, banc sept, banc huit, banc neuf, bandits !

Dix

1, 2, 3, 4, 5, 6, 7, 8, 9, 10,
J'ai semé dix maïs.

Les maïs ont grandi.
Je les mangerai cuits
Au repas de midi.

1, 2, 3, 4, 5, 6, 7, 8, 9, 10,
Dix corbeaux malappris
Ont croqué les épis.

C'est pourquoi, ce midi,
Je mangerai des radis.

1, 2, 3, 4 j'ai quatre ans

1, 2, 3, 4 j'ai quatre ans
1, 2, 3, 4 je suis grand
J'aime bien apprendre à parler
J'aime bien apprendre à chanter
J'aime bien apprendre à compter
1, 2, 3, 4 j'ai quatre ans
1, 2, 3, 4 c'est amusant
Et dans 1 an
Je serai
Encore plus grand !

DOC 69 Des comptines pour explorer les chiffres et les suites numériques

Fiche de préparation n° 19

Compétence de fin de cycle

Dire la suite des nombres jusqu'à trente.
Lire les nombres écrits en chiffres jusqu'à dix.

Objectif spécifique

Reconnaître l'écriture des nombres connus placés dans l'ordre.

Organisation de la classe

En ateliers, l'enseignant intervenant plus particulièrement ici.

Durée

Environ 30 min.

Matériel nécessaire

– Du papier de verre, des cure-pipes, de la pâte à sel, du papier de soie, de la ficelle épaisse, du papier d'aluminium, du papier peint très épais, des coquilles d'œufs séchées.
– Des catalogues, des paires de ciseaux, de la colle, des feuilles de carton.

Déroulement

• **Collectivement**
Présentation du projet consistant à réaliser un livre sensoriel géant des premiers chiffres. Ce livre présentera les chiffres déjà étudiés en classe. Le chiffre 0 aura été réalisé par l'enseignant. ▷ **DOC 70**
Chaque jour, l'enseignant travaillera sur un chiffre avec un groupe d'enfants.

• **Par groupes**
Les élèves doivent reproduire le chiffre étudié avec le matériel mis à leur disposition.
Une fois cette manipulation réalisée, ils devront rechercher et découper ce même chiffre dans des catalogues. Ces découpages leur serviront à décorer la page cartonnée consacrée à ce chiffre.

Suggestion : il est indispensable que les élèves expérimentent ces différents matériaux pour représenter le chiffre étudié. On ne retiendra cependant, pour le livre géant, qu'un matériau par chiffre.

Difficulté anticipée, rôle du maître

• Les élèves confondent, au moment du découpage, deux nombres proches (ex. : 2 et 3).

⇒ Faire toucher le modèle, décrire son tracé, observer les différences.

Évaluation

Reconnaître l'écriture des premiers nombres.

Variante

Fabriquer un livre sensoriel individuel des premiers nombres.

• Le 1 avec du papier peint.

• Le 2 avec des coquilles d'œufs.

• Le 3 avec du papier de soie.

• Le 4 avec des pâtes.

• Le 5 avec des grains.

• Le 6 avec des cure-pipes.

• Le 7 avec du fil de fer.

...

• Et le 0 ?

Il gratte la peau !

On pourra au préalable créer collectivement la comptine des nombres.
Pour cela, il conviendra :
• de présenter et de nommer plusieurs matériaux utilisables en classe ;
• d'associer chaque nombre à des matériaux (ex. : le « 1 » avec « des poils de lapin », « du papier peint », « du sopalin » ;
• de choisir le matériau.

On mémorisera ensuite la comptine, qui peut être enrichie au fur et à mesure de l'année.
Ex. : « Le 10 avec des vis ».

DOC 70 La comptine des premiers nombres

Proposition de programmation annuelle

	1er TRIMESTRE	2e TRIMESTRE	3e TRIMESTRE
APPROCHER LES QUANTITÉS ET LES NOMBRES	• Réciter la comptine des nombres : la liste des noms des nombres, puis son extension (jusqu'à 10 en Moyenne Section). • Nommer les nombres jusqu'à 10.	• Réciter en intercalant un mot : un garçon, deux garçons… • Évaluer (une quantité) par estimation purement visuelle, par correspondance terme à terme. • Reconnaître les configurations des dés, des cartes à jouer… • Exprimer, par le vocabulaire approprié, le résultat de la comparaison : moins que, autant que, plus que.	• Reconnaître les configurations des dés, des cartes à jouer… • Associer différentes configurations entre elles. • Reconnaître l'écriture des nombres connus placés dans l'ordre. • Reconnaître l'écriture des nombres connus placés dans le désordre. • Réaliser une distribution simple, un par un. • Partager des collections.

Explorer des formes, des grandeurs, des suites organisées

Les compétences

L'élève est amené fréquemment, au cours des activités scolaires, à manipuler des objets de formes et de dimensions variées. Les observations qu'il peut faire lui permettent de réaliser différents classements (petit/grand, lourd/léger, mou/dur, arrondi/pointu...).

L'enseignant doit exploiter ces approches qui tendent à **considérer des catégories**, à prendre en compte et à distinguer de **nombreux critères : forme, taille, masse, contenance...** ▷ DOC 71

Des activités de fabrication, de classement ou de rangement, en liaison avec le vécu de la classe, viseront particulièrement à obtenir l'exploitation de **stratégies de dénomination ou de reconnaissance.**

Des **jeux utilisant le toucher ou la reconnaissance visuelle** pourront conduire à travailler, en situation, les compétences attendues à la fin de l'école maternelle.

La **désignation** de certaines formes seront introduites : carré, triangle, rond.

COMPARER, CLASSER ET RANGER DES OBJETS	
SELON LEUR TAILLE	**SELON LEUR MASSE**
• Ranger des objets selon un ordre croissant, décroissant, en utilisant un repère visuel fixe. • Sélectionner tous les objets « plus courts que », « aussi longs que », « plus longs que » au sein d'une collection donnée. • Reproduire un rangement d'objets de longueurs différentes.	• Comparer entre eux deux objets selon le critère « masse ». • Sélectionner dans une collection donnée l'objet le plus lourd, le plus léger. • Comparer deux objets identiques, mais de masses différentes. • Ranger des objets selon un ordre croissant ou décroissant en évaluant leur poids par pesage approximatif sur la balance à plateaux.

DOC 71 Comparer, classer selon la forme, la taille, la masse, la contenance

Organiser les progressions

CE QUI EST ATTENDU DES ENFANTS EN FIN D'ÉCOLE MATERNELLE	OBJECTIFS INTERMÉDIAIRES
Identifier le principe d'organisation d'un algorithme et poursuivre son application. ▷ **DOC 72**	• Classer des formes. • Ordonner ces formes selon un algorithme. ▷ **FICHE DE PRÉPARATION N° 20** • Identifier des formes (le rond, le carré, le triangle), quelles que soient leur taille et leur orientation dans l'espace. • Nommer des formes simples. • Retrouver ces formes dans divers objets de la vie courante. ▷ **FICHE DE PRÉPARATION N° 21** • Ranger et reproduire des formes selon un ordre croissant ou décroissant. ▷ **FICHE DE PRÉPARATION N° 22** • Reproduire un assemblage d'objets de formes simples à partir d'un modèle (puzzle, pavage, assemblage de solides). • Reproduire ces formes de différentes façons. • Reconstituer des puzzles, la couverture d'un album étudié en classe… ▷ **DOC 73** • Reproduire un montage simple. • Reproduire des algorithmes de forme. • Reproduire un pavage.

• **Identifier** ces formes dans l'environnement quotidien des enfants, dans la classe, sur certains motifs de tissus, de papiers peints… Les repérer dans des catalogues, des albums… Les reproduire.
• **Jeu de la chasse** aux… ronds, triangles, carrés : pendant une ou deux journées, laisser les enfants découper, reproduire tout ce qu'ils trouvent de rond ou de carré dans leur environnement. On fera, en fin de jeu, le décompte des trouvailles des uns et des autres. Un tel jeu encourage les enfants à la discrimination visuelle, à la vigilance. Cela les aide également à porter un autre regard sur leur monde proche.

• Algorithmes **binaires**, **ternaires**, réalisés à partir du matériel de la classe : faire alterner couleurs, tailles, formes.

• Avec des crayons de couleur.

• Avec des gommettes.

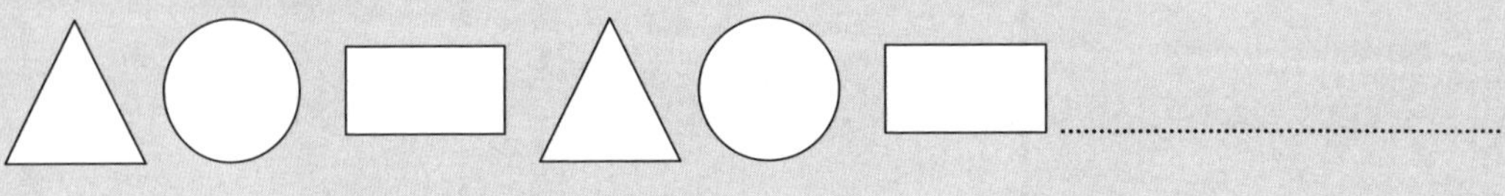

• Avec le matériel du coin cuisine.

DOC 72 **Quelques algorithmes inventés par les enfants**

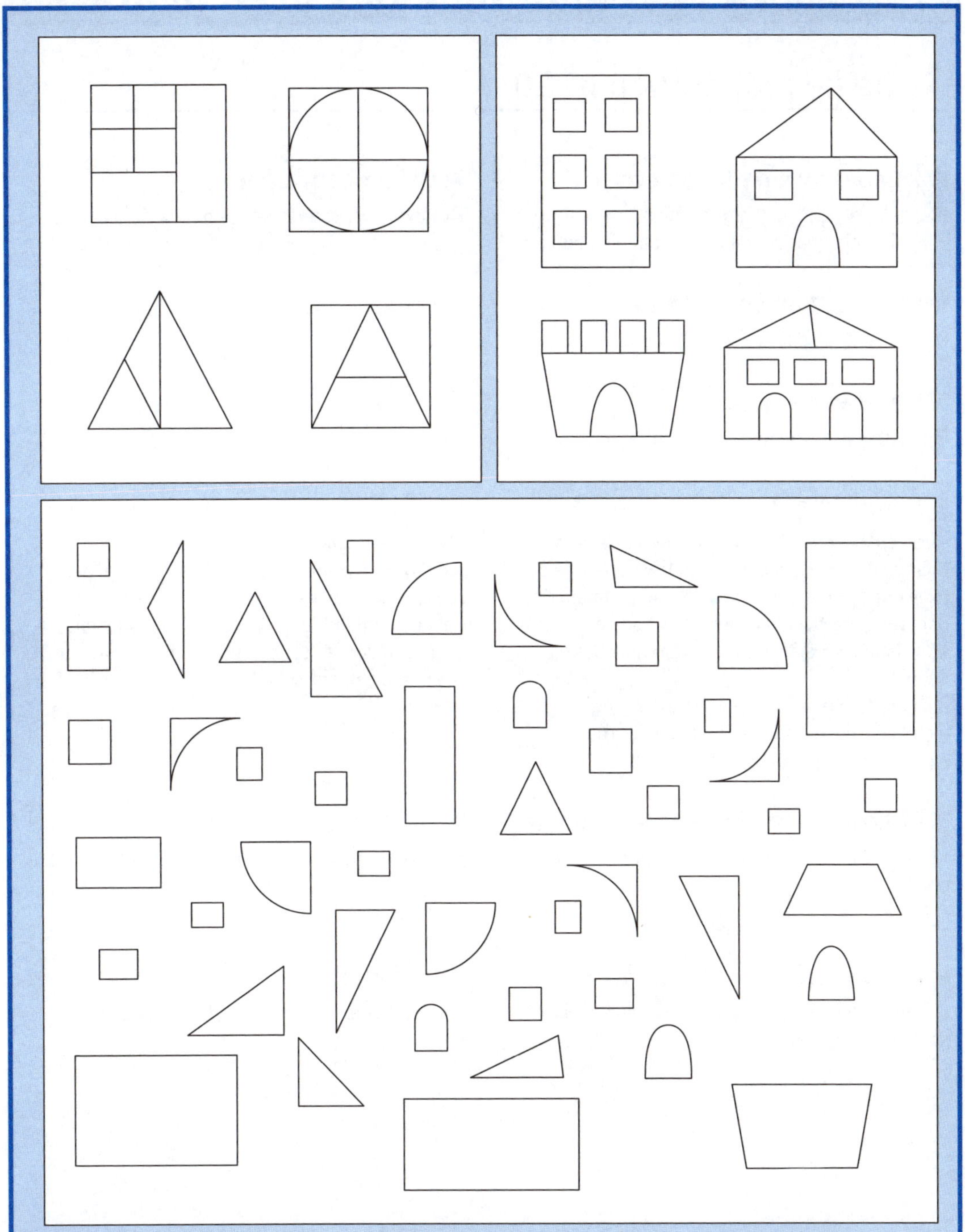

DOC 73 Reconstituer et reproduire puzzles, pavages, constructions simples

Les fiches de préparation de l'enseignant

Fiche de préparation n° 20

Compétence de fin de cycle

Identifier le principe d'organisation d'un algorithme et poursuivre son application.

Objectif spécifique

Ordonner ces formes selon un algorithme.

Organisation de la classe

Collectivement, puis individuellement.

Durée

20 min.

Matériel nécessaire

Plusieurs carrés de deux tailles différentes.

Déroulement

- **Présentation de l'activité (phase collective)**

Chaque élève dispose de plusieurs carrés de deux tailles et d'une boîte en carton. L'objectif est de décorer cette boîte (qui sera leur boîte à trésors) en collant les carrés selon l'algorithme de leur choix :

– un grand carré / un petit carré ;
– deux grands carrés / deux petits carrés ;
– un grand carré / deux petits carrés.

- **Individuellement**

Les élèves doivent organiser leur matériel avant de coller les carrés.
L'enseignant devra se montrer très disponible pour faire vérifier si l'algorithme est bien respecté avant que l'enfant colle les carrés.

Difficultés anticipées, rôle du maître

- Les enfants ont du mal à respecter l'algorithme choisi.

⇒ Faire formuler, de façon rythmée, les actions à réaliser et commencer la mise en œuvre avec les enfants.

Évaluation

Chaque élève vérifie si l'algorithme choisi est fidèlement reproduit.

Variante

Poursuivre ces algorithmes en graphisme.

Fiche de préparation n° 21

Compétence de fin de cycle
Identifier le principe d'organisation d'un algorithme et poursuivre son application.

Objectif spécifique
Retrouver ces formes dans divers objets de la vie courante.

Organisation de la classe
Collective, puis individuelle.

Durée de l'activité
20 min.

Matériel nécessaire
La salle de classe.

Déroulement

• Phase collective

Présentation de l'activité : chaque élève doit identifier, dans la classe, des objets dont l'une des faces est ronde (ou rectangulaire).

• Individuellement

Chaque élève dispose de la forme, représentée sur un carton, à partir de laquelle il doit engager sa recherche.
Dès qu'un élève trouve un objet qui correspond à sa forme, il en reporte le contour sur un grand panneau (à plat sur une table) consacré à cette forme.

L'enseignant se montre très disponible pour faire vérifier si l'objet correspond bien à la forme que tient l'enfant et l'aide à saisir l'empreinte de cet objet par contournement, avec un crayon. Il note le nom de l'objet dans l'empreinte.
Par exemple : le pied de la lampe, l'assiette, le verre… ont une forme ronde.

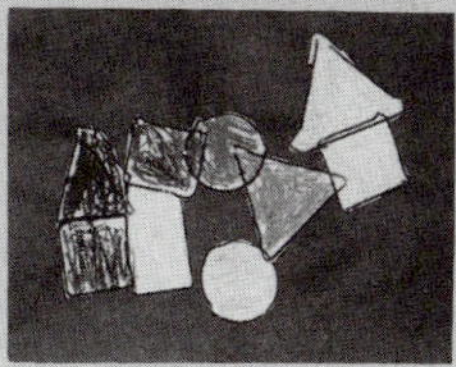

Difficultés anticipées, rôle du maître

• Les enfants ont du mal à explorer un espace si dense.

⇒ Orienter leur recherche vers le coin salle de bains, par exemple.

• Les élèves ne parviennent pas à tracer le contour de l'objet.

⇒ Tenir l'objet et aider l'enfant à positionner correctement sa main et le crayon.

Évaluation
Chaque élève identifie au moins 5 objets.

Variante
Repérer ces mêmes formes dans des albums de jeunesse et les relever à l'aide de papier-calque.

Fiche de préparation n° 22

Compétence de fin de cycle

- Classer ou ranger des objets selon un critère de longueur ou de masse ou de contenance.
- Identifier le principe d'organisation d'un algorithme et poursuivre son application.

Objectifs spécifiques

Ranger et reproduire des formes selon un ordre croissant ou décroissant.

Organisation de la classe

Collective puis en ateliers.

Durée

30 min.

Matériel nécessaire

– Six carrés de tailles différentes.
– Même matériel pour de petits groupes de deux élèves au sein d'un même atelier.

Déroulement

- **Présentation collective**

L'objectif est de faire réfléchir les élèves sur la méthode de comparaison, puis de rangement des carrés.
Présentation des carrés orientés différemment dans l'espace (au tableau ou au sol).
Consigne : « Comment peut-on les ranger du plus petit au plus grand ? »
– Laisser les élèves proposer différentes manières de faire et les appliquer au fur et à mesure.
– Comprendre la nécessité de prendre des points de repère pour pouvoir comparer.

- **En ateliers**

Même travail avec le même matériel pour chaque groupe.

- **Individuellement**

Une fois le rangement réalisé et validé par l'enseignant, chaque enfant procède à la représentation graphique ordonnée des différents carrés.

Difficultés anticipées, rôle du maître

- Les élèves ne prennent pas de repère et rangent en fonction de leur seule perception.

⇒ Faire vérifier en comparant les carrés les uns avec les autres.

Évaluation

Réussir à introduire un nouveau carré dans le rangement.

Variantes

- Augmenter le nombre de carrés de tailles très proches.
- Proposer la même situation-problème avec des ronds ou des triangles de tailles différentes.

Proposition de programmation annuelle

	1er TRIMESTRE	2e TRIMESTRE	3e TRIMESTRE
EXPLORER DES FORMES, DES GRANDEURS, DES SUITES ORGANISÉES	• Classer des formes. • Identifier des formes (rond, carré, triangle), quelles que soient leur taille et leur orientation dans l'espace. • Nommer des formes simples.	• Retrouver ces formes dans divers objets de la vie courante. • Reproduire un montage simple. • Reproduire des algorithmes de forme. • Ranger et reproduire des formes selon un ordre croissant ou décroissant.	• Reproduire les algorithmes. • Reproduire un pavage. • Ranger et reproduire des formes selon un ordre croissant ou décroissant.
	• Comparer, classer selon la forme, la taille, la masse, la contenance.		

Agir, s'exprimer, comprendre à travers les activités artistiques

BO

« Ce domaine d'apprentissage se réfère aux arts du visuel (peinture, sculpture, dessin, photographie, cinéma, bande dessinée, arts graphiques, arts numériques), aux arts du son (chansons, musiques instrumentales et vocales) et aux arts du spectacle vivant (danse, théâtre, arts du cirque, marionnettes, etc.). L'école maternelle joue un rôle décisif pour l'accès de tous les enfants à ces univers artistiques ; elle constitue la première étape du parcours d'éducation artistique et culturelle que chacun accomplit durant ses scolarités primaire et secondaire et qui vise l'acquisition d'une culture artistique personnelle, fondée sur des repères communs. »

Les productions plastiques et visuelles

Univers sonores

Le spectacle vivant

Les productions plastiques et visuelles

BO

« Les enfants doivent disposer de temps pour dessiner librement, dans un espace aménagé où sont disponibles les outils et supports nécessaires. »
« Tout au long du cycle, les enfants rencontrent des graphismes décoratifs issus de traditions culturelles et d'époques variées. Ils constituent des répertoires d'images, de motifs divers où ils puisent pour apprendre à reproduire, assembler, organiser, enchaîner à des fins créatives, mais aussi transformer et inventer dans des compositions. »
« Pour réaliser différentes compositions plastiques, seuls ou en petit groupe, les enfants sont conduits à s'intéresser à la couleur, aux formes et aux volumes. »
« L'observation des œuvres, reproduites ou originales, se mène en relation avec la pratique régulière de productions plastiques et d'échanges. »

Dessiner
S'exercer au graphisme décoratif

Réaliser des compositions plastiques, planes et en volume

Observer, comprendre et transformer des images

Organiser les progressions

CE QUI EST ATTENDU DES ENFANTS EN FIN D'ÉCOLE MATERNELLE	OBJECTIFS INTERMÉDIAIRES
Les productions plastiques et visuelles	
Choisir différents outils, médiums, supports en fonction d'un projet ou d'une consigne et les utiliser en adaptant son geste. Réaliser une composition personnelle en reproduisant des graphismes. Créer des graphismes nouveaux. ▷ **DOC 76**	• Rechercher toutes les possibilités d'utilisation : – de scripteurs conventionnels (feutres, crayons, stylos, fusain…) ; – d'outils détournés de leurs fonctions premières (fourchettes, peignes…). • Comparer les découvertes et se constituer un répertoire de traces. ▷ **DOC 74** • S'exercer à dessiner sur des supports et des matières très différents. • Comparer les effets obtenus. • Choisir l'outil en fonction du support ou de la matière.
Pratiquer le dessin pour représenter ou illustrer, en étant fidèle au réel ou à un modèle, ou en inventant.	• Utiliser un carnet pour dessiner régulièrement. • Représenter le réel au moyen du dessin.
Réaliser des compositions plastiques, seul ou en petit groupe, en choisissant et combinant des matériaux, en réinvestissant des techniques et des procédés.	• Découvrir l'éventail des ressources d'un même matériau (peinture épaisse/fluide, papier sec/mouillé, encres, terre…). • Explorer et exploiter les ressources de procédés comme le pliage, le grattage, la déformation… ▷ **DOC 77** • Transformer un objet. ▷ **FICHE DE PRÉPARATION N° 23** • Combiner outils, actions plastiques, matières et supports. • Découvrir et exploiter les éléments de son environnement quotidien pour leurs qualités plastiques.
	• Dire ce que l'on fait, ce que l'on voit, ce que l'on ressent, ce que l'on pense. • Évoquer des faits, des sensations, des sentiments en relation avec la qualité d'un matériau. • Présenter et parler de sa composition.

• **À quoi font penser les traces** laissées par le carton ondulé, par l'impression des bouchons (imbibés de peinture) qui ont glissé sur la page ?
• **Construire la maison de la sorcière comme dans le conte *Hansel et Gretel*,** avec des gâteaux et des bonbons.

Il est indispensable que les enfants prennent conscience qu'ils peuvent garder en mémoire le réel grâce au dessin. Ils doivent aussi disposer d'une planche à dessin qu'ils peuvent déplacer à tout moment (lors de visites au musée, à la ferme…).

Que peut-on dessiner ?

- Un jeu de cour, une partie d'un paysage proche.
- Un objet de la classe que les autres élèves devront identifier et rechercher.
- Les ingrédients utilisés pour une recette.
- Les ustensiles utilisés.
- Le plateau d'un jeu de société.
- Etc.

▷ **DOC 75**

Le papier d'aluminium

Il est possible de l'utiliser en classe pour :
– emballer ;
– graver ;
– enrober ;
– imprimer ;
– sculpter…
Cette démarche peut être adoptée avec différents matériaux dont on explorera et comparera les ressources plastiques.

À partir d'un bout de corail trouvé par un enfant

- Faire observer, toucher l'objet insolite.
- Susciter la libre expression :
  – *Qu'est-ce que c'est ?*
  – *En quoi c'est fait ?*
  – *Où l'as-tu trouvé ?*
  – *À quoi ressemble-t-il ?* (Faire varier les positions de l'objet.)
- Ce que disent les enfants :
  – *C'est un bout de bois peint en blanc.*
  – *C'est du plâtre.*
  – *C'est de la pâte à modeler.*
  – *C'est un bout de pierre cassée.*
  – *C'est dur.*
  – *Si ça mouille, la peinture, elle part.*
  – *Ça ressemble à un petit âne.*
  – *Non, à une clé.*
  – *Ça ressemble à un bec…*

Explorer un procédé : le pliage

Observer les effets de la symétrie par pliage.

- Plier une feuille en long, en large ou en diagonale, déposer quelques gouttes de peinture ou d'encre, puis plier ; noter les remarques, les associations d'idées, les interprétations des enfants.
- Plier puis découper des encoches à l'endroit des pliures :
  – coller sur un fond noir ;
  – coller et décorer les vides ;
  – coller et décorer les parties restantes (pleines) par encadrement, contournement des formes évidées ;
  – vaporiser de la peinture avec une brosse à dents sur les encoches…
- Plier une feuille en accordéon ; découper en bandelettes un visage (ou une tête d'animal) dessiné par l'enfant ou provenant d'un catalogue. Chaque bandelette sera collée sur la partie haute de la pliure (pliage vertical) ou sur la partie gauche (découpage horizontal).

BO « *Le travail de la couleur s'effectue de manière variée avec les mélanges (à partir des couleurs primaires), les nuances et les camaïeux, les superpositions, les juxtapositions, l'utilisation d'images et de moyens différents (craies, encre, peinture, pigments naturels…). Ces expériences s'accompagnent de l'acquisition d'un lexique approprié pour décrire les actions (foncer, éclaircir, épaissir…) ou les effets produits (épais, opaque, transparent…). Le travail en volume permet aux enfants d'appréhender des matériaux très différents (argile, bois, béton cellulaire, carton, papier, etc.) ; une consigne présentée comme problème à résoudre transforme la représentation habituelle du matériau utilisé. Ce travail favorise la représentation du monde en trois dimensions, la recherche de l'équilibre et de la verticalité.* »

DOC 74 Réaliser des compositions plastiques, planes et en volume

À partir d'une enseigne et de différents modèles de clés introduits en classe, demander aux élèves de les représenter au crayon. L'enseignant découpe alors les clés.

Au cours d'un atelier en groupe classe, les élèves font leurs propositions de mise en forme du panneau.

DOC 75 Que peut-on dessiner ? Des clés !

Outils	Actions plastiques	Supports	Consistance, forme, couleurs	Colorants ou décolorants
Doigts	Étaler	Papiers de toute nature	Sec	Gouache
Crayon noir	Imprimer		Mouillé	Aquarelle en pastille
Crayons de couleur	Modeler	Cartons de toute nature		Encres
Feutres	Incruster		Froissé	
Stylo	Sculpter	Papier d'emballage		
Pastels	Graver	Papier cadeau		
Pinceaux	Déchirer	Papier d'aluminium		
Spatule	Coller	Carte à gratter	Formes diverses	
Éponges	Plier	Journaux	Tailles diverses	
	Gratter	Papier tapisserie		
	Modifier	Buvard	Couleurs diverses	
	Réduire			
	Agrandir			
	Séparer			
Roulette à pâtisserie	Relier	Pâte à papier		
Clous	Reproduire	Pâte à modeler		
Peignes		Pâte à sel		
Fourchettes		Terre		
Gommes		Fil de fer		
Etc.		Sable		
Découvrir l'éventail des ressources d'un même outil	Découvrir les effets d'une même action plastique Découvrir les possibilités d'une même opération plastique	Découvrir l'éventail des ressources d'un même matériau.		

DOC 76 **Quelques variables pour faire évoluer une action plastique et explorer des champs plastiques très diversifiés**

TROIS TECHNIQUES AUTOUR DE L'ARBRE

• En peinture

• En papier

• En papier froissé

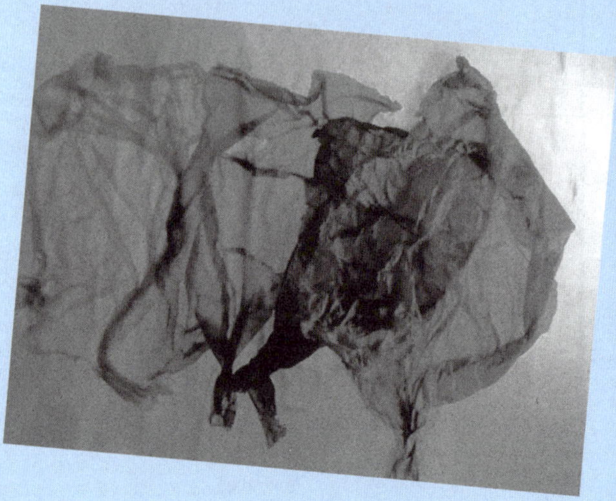

DOC 77 Exploiter les caractéristiques des matériaux

DEUX TECHNIQUES AUTOUR DES BONSHOMMES

• **Se représenter : par collage ou par empreintes**

• **Des Père Noël à compléter (photo ou dessin)**

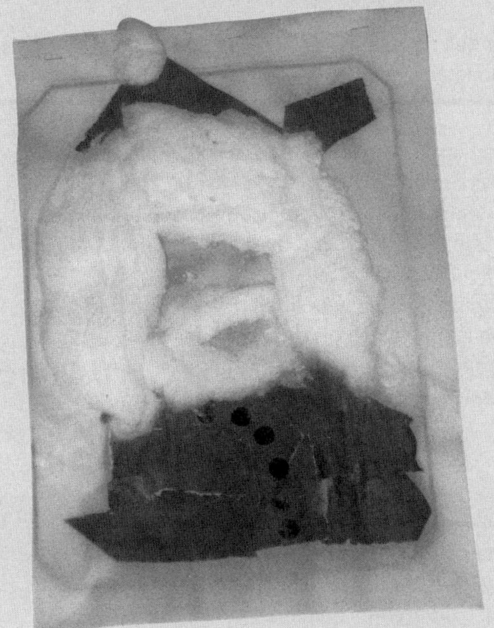

CE QUI EST ATTENDU DES ENFANTS EN FIN D'ÉCOLE MATERNELLE	OBJECTIFS INTERMÉDIAIRES
Observer, comprendre, transformer des images	
Décrire une image et exprimer son ressenti ou sa compréhension en utilisant un vocabulaire adapté.	• **Observer** une grande diversité d'images : – les photographies ; – les affiches, les publicités ; – les images, les dessins, les illustrations d'albums ; – les reproductions d'œuvres d'art. • Identifier les principaux constituants d'un objet plastique (image, œuvre d'art, production d'élève…). • **Comparer** les différentes représentations d'un personnage, d'un objet. • **Décrire** une grande diversité d'images. • Retrouver la **provenance** de certaines images. • **Comparer** diverses images. • Utiliser une image ou une partie pour en **réaliser** une nouvelle.

Les collections et les musées

Commencer une collection personnelle, l'enrichir.
Au cours de ses promenades, l'enfant aime à ramasser des objets hétéroclites qu'il trouve beau.
L'encourager à les montrer, les organiser dans sa « boîte à trésors ».

Décrire une image et exprimer son ressenti ou sa compréhension en utilisant un vocabulaire adapté.	• Rechercher des œuvres d'art qui ont un lien avec une production de l'enfant : un thème, un décor, une couleur dominante, une technique… • Comparer plusieurs œuvres d'art traitant d'un même sujet. • Rapprocher plusieurs peintres ayant utilisé une technique plastique semblable (ex. : les collages). • Créer des collections d'images ou d'objets. • Apprendre à les exposer.

Mettre ses productions plastiques en valeur
• Donner un avis sur les encadrements.
• Rechercher les différentes manières de décorer son encadrement (graphisme, collage, algorithme…).

Images de loup !

- Comparer les représentations du loup dans différents albums (anciens, récents, loup méchant/gentil, intelligent/stupide, jeune/vieux…).
- Comparer ces représentations à des photos documentaires de loup.
- Dessiner un loup (qui fait peur ou qui est très drôle) à partir d'une photocopie de sa tête…
- Comparer l'ensemble des dessins.

- Repérer les types d'images, leur fonction, leur support : d'où viennent-elles ? À quoi servent-elles ?
- Repérer, à l'aide d'indices plastiques, et parmi 5 livres, ceux illustrés par la même personne.

Constituer son « trésor » personnel composé d'images, d'objets hétéroclites, de trouvailles de toutes sortes… que l'enfant peut placer dans une boîte à chaussures qu'il aura préalablement décorée. L'enseignant aide l'enfant à utiliser l'espace, à créer des reliefs, à situer les objets pour les mettre en valeur ou pour raconter de petites histoires…

Constituer une collection de papiers de bonbons : les classer, les ranger (par taille, couleur, goût…), les mettre en scène (disposition dans l'espace, sur un fond approprié…).

Fiche de préparation n° 23

Compétence de fin de cycle

Réaliser des compositions plastiques, seul ou en petit groupe, en choisissant et combinant des matériaux, en réinvestissant des techniques et des procédés.

Objectif spécifique

Transformer un objet.
La technique utilisée sera le collage de bandes de papier journal sur des bouteilles en plastique dans le but de réaliser divers jeux de quilles. Ces jeux seront utilisés en motricité.

Organisation de la classe

En ateliers.

Durée de l'activité

1 séance de 20 min et 3 séances de 15 min.

Matériel nécessaire

– Bandes de papier journal préalablement découpées.
– Colle.
– Bouteilles en plastique identiques.
– Peintures épaisses, pinceaux.
– Sable ou semoule.
– Entonnoirs.
– Toile cirée pour protéger la table.

Déroulement

• **Phase 1**
Présenter l'activité aux élèves et présenter sa finalité.
Donner les consignes de réalisation : remplir, à l'aide d'un entonnoir, la bouteille de sable ou de semoule. Encoller une bande de papier, la poser tout autour de la bouteille en commençant par le bas, recouvrir progressivement toute la bouteille ; s'assurer que les bandes adhèrent bien au support.

• **Phase 2**
Laisser sécher puis recouvrir d'un fond épais blanc.

• **Phase 3**
Laisser sécher de nouveau puis décorer.

• **Synthèse**
Analyser la qualité de la production : les bandes sont-elles bien collées ? Recouvrent-elles bien la surface de la bouteille ?

Difficultés anticipées, rôle du maître

• Les enfants mettent trop de colle.	⇒ Attirer l'attention sur le fait que la colle déborde et fait glisser la bande, et qu'il est donc nécessaire de maîtriser le dosage de la colle.
• Les enfants n'exercent pas une pression suffisante sur la bande.	⇒ Tamponner sur la bande avec un petit chiffon sec.

Évaluation

• La technique est bien maîtrisée par les enfants.
• Ils peuvent l'appliquer pour fabriquer des assiettes, des bols en papier.

Prolongement

Transformer des emballages à l'aide de cette technique et se fabriquer des porte-crayons, des boîtes à trésors…

Proposition de programmation annuelle

	1er TRIMESTRE	2e TRIMESTRE	3e TRIMESTRE
LE DESSIN ET LES COMPOSITIONS PLASTIQUES	• Rechercher toutes les possibilités d'utilisation : – de scripteurs conventionnels (feutres, crayons, stylos, fusains…) ; – d'outils détournés de leurs fonctions premières (fourchettes, peignes…). • Comparer les découvertes et se constituer un répertoire de traces. • Utiliser un carnet pour dessiner régulièrement.	• S'exercer à dessiner sur des supports et des matières très différents. • Comparer les effets obtenus. • Choisir l'outil en fonction du support ou de la matière. • Utiliser un carnet pour dessiner régulièrement.	• Représenter le réel au moyen du dessin (on attirera l'attention sur la fidélité du dessin que l'enfant tente de représenter). • Utiliser un carnet pour dessiner régulièrement.
	Dire ce que l'on fait, ce que l'on voit, ce que l'on ressent, ce que l'on pense.		
OBSERVER, COMPRENDRE, TRANSFORMER DES IMAGES	• **Observer** une grande diversité d'images : – photographies ; – affiches, publicités ; – images, dessins, illustrations d'albums ; – reproductions d'œuvres d'art. • **Décrire** une grande diversité d'images. • Retrouver la **provenance** de certaines images. • Créer des collections d'images ou d'objets. • Comparer plusieurs œuvres d'art traitant d'un même sujet.		• **Comparer** les différentes représentations d'un personnage, d'un objet. • **Comparer** diverses images. • Utiliser une image ou une partie pour en **réaliser** une nouvelle. • Apprendre à les exposer. • Rechercher des œuvres d'art qui ont un lien avec une production de l'enfant : un thème, un décor, une couleur dominante, une technique… • Rapprocher plusieurs peintres ayant utilisé une technique plastique semblable (ex. : les collages).

Univers sonores

BO

« L'objectif de l'école maternelle est d'enrichir les possibilités de création et l'imaginaire musical, personnel et collectif, des enfants, en les confrontant à la diversité des univers musicaux. Les activités d'écoute et de production sont interdépendantes et participent d'une même dynamique. »

- **Jouer avec sa voix et acquérir un répertoire de comptines et de chansons**
- **Affiner son écoute**
- **Explorer des instruments, utiliser les sonorités du corps**

Organiser les progressions

CE QUI EST ATTENDU DES ENFANTS EN FIN D'ÉCOLE MATERNELLE	OBJECTIFS INTERMÉDIAIRES
Jouer avec sa voix et acquérir un répertoire de comptines et de chansons *« Par les usages qu'ils font de leur voix, les enfants construisent les bases de leur future voix d'adulte, parlée et chantée. »*	
Avoir mémorisé un répertoire varié de comptines et de chansons et les interpréter de manière expressive.	• Mémoriser un ou deux chants par mois. • Se préparer vocalement : apprendre à respirer, à se décontracter, à articuler ; produire des sons variés et prendre conscience des résonateurs. ▷ **DOC 78** • Expérimenter plusieurs registres expressifs : joie, tristesse, colère, étonnement… • Identifier, localiser bruits, cris et éléments sonores d'environnements de la vie quotidienne. • Les comparer. • Les imiter, les transformer par la voix. • Participer à une chorale de classe, d'école. • Inventer des chants.

• Développer l'**écoute intérieure** :
– chanter une phrase sur deux ;
– chanter une phrase et ne pas prononcer le dernier mot (le mimer) ;
– chanter le début et murmurer la suite.

Jeux chantés permettant l'exploration des ressources de la voix

• Chanter sur une même syllabe : remplacer les mots de chants connus par une même syllabe répétée (mamama… tititi…).
• Le chef d'orchestre : chanter en augmentant l'intensité de la voix, le rythme de chant, conformément aux mouvements de la baguette du chef d'orchestre.

Les variantes expressives

• Dire une comptine ou une poésie, chanter de façon gaie, triste, comme un garçon, une fille, un ogre, une sorcière, une fée… Varier, multiplier les variantes expressives…
• Dire, chanter des mots, des expressions (« Non… Allô… Bonjour… Comment vas-tu ?… Je vais bien… ») en variant les intonations.
• Imaginer le type de voix de Petit Ours brun, du loup et de la grand-mère dans *Le Petit Chaperon rouge*, des différents nains dans *Blanche-Neige*…

Apprendre à respirer

- Souffler par la bouche, comme lorsque l'on est fatigué : « ouhhh ! » ; reproduire le galop du cheval ; imiter la voiture : « vr… vr… » ; souffler comme le loup sur les maisons des trois petits cochons.
- Inspirer sans émettre, puis en émettant un son.
- Inspiration (gonfler le ballon), expiration (souffler sur la paume de sa main). Inspirer doucement, longtemps (pendant que la main de l'enseignant monte), expirer lentement (pour faire bouger la feuille de papier, pour faire vaciller la flamme d'une bougie). Imiter le vent.
- Maintenir un son, un bruit le plus longtemps possible sur une expiration bouche ouverte, fermée.

Ex. : Hummmmmmmmmmmmmmmmmm
Psssssssssssssssssssssssssssssssssss

Apprendre à se décontracter

- Soulever les épaules, rouler les épaules, soulever une épaule après l'autre.
- Tirer sur ses bras : se grandir un maximum et se relâcher.
- Tourner la tête dans un sens puis dans l'autre, la baisser, la lever…
- Faire des grimaces, articuler comme si l'on criait mais sans prononcer les mots, faire semblant de bâiller.

Prendre conscience des résonateurs

- Chanter une mélodie en vocalisant sur « in-eu-on ».
- Exprimer : imiter des cris.
  - – L'étonnement : OHHHHHHHHHHHHH.
  - – La colère : IHHHHHHHHHHHHHHHHH.
  - – La peur : OUHHHHHHHHHHHHHHHH.
  - – La désapprobation : UHHHHHHHHHHH.
- Enchaîner des sons : o-ou-on-é-in-oi-è…
- Parler par le nez, sans ouvrir la bouche.

Apprendre à articuler

- Prononcer des onomatopées, lentement, de plus en plus vite ou de plus en plus lentement.
- Dire des expression ou des phrases simples très rapidement. Exemples :
  - – « Les petits pois ont des plumes aux pattes. »
  - – « Je me soucie de la scie et des ciseaux. »
  - – « Le chameau et le chat sont mes chouchous. »
- Demander aux enfants d'inventer des petites phrases de ce type.

Produire des sons variés

- Vocalises à partir de phrases musicales commençant et se terminant par la même note (do-ré-mi…) : « Le train approche, arrive en gare et repart… »
- Dire des mots simples « Bonjour ! Coucou ! Ça va !… » en variant les intonations, les intensités.

DOC 78 La préparation vocale

CE QUI EST ATTENDU DES ENFANTS EN FIN D'ÉCOLE MATERNELLE	OBJECTIFS INTERMÉDIAIRES

Affiner son écoute

« Les activités d'écoute visent prioritairement à développer la sensibilité, la discrimination et la mémoire auditive. Elles posent aussi les bases de premières références culturelles et favorisent le développement de l'imaginaire. »

CE QUI EST ATTENDU DES ENFANTS EN FIN D'ÉCOLE MATERNELLE	OBJECTIFS INTERMÉDIAIRES
Parler d'un extrait musical et exprimer son ressenti ou sa compréhension en utilisant un vocabulaire adapté. ▷ **DOC 79**	• Développer l'écoute active. ▷ **DOC 80** • Repérer les objets, les voix, les matériaux et les gestes qui peuvent les produire. • Écouter des extraits d'œuvres musicales d'origines variées (styles, pays, cultures). • Repérer certains instruments utilisés. • Frapper la pulsation avec ses mains sur une partie du corps. • Marquer la pulsation avec une partie du corps. ▷ **FICHE DE PRÉPARATION N° 24** • Se déplacer en respectant les pulsations. Écouter un extrait musical ou une production, puis s'exprimer et dialoguer avec les autres pour donner ses impressions. • Faire des propositions lors des phases de création et d'invention avec son corps, sa voix ou des objets sonores. • Marquer la pulsation corporellement ou à l'aide d'un objet sonore (tambourins, grelots, claves, maracas, triangles, cloches, cymbales, wood-block…), jouer sur le tempo en situation d'imitation.

Explorer un espace sonore

- **Découvrir** les possibilités sonores des objets du coin cuisine, du coin peinture, de l'espace bricolage, de l'espace scientifique…
- **Identifier** l'objet à partir du son produit.
- **Rechercher** les objets de récupération qui produisent des bruits (qui chantent, qui crient, qui grondent, qui grincent…).
- **Choisir** quelques-uns de ces objets pour leur qualité et leur diversité sonores et les fixer sur un panneau.

Quelles activités d'exploration sonore engager en classe ?

- Explorer les possibilités sonores de **son corps** : les bruits pouvant être produits par les mains (qui claquent, frottent, frappent, grattent…), les pieds (qui tapent, glissent, claquent…), la langue (qui claque, grince, chuinte, siffle…), la bouche (qui souffle, inspire, siffle…), le nez…
- Explorer les possibilités sonores d'**objets de la vie courante** : une râpe, une bouteille ou une boîte de conserve (plus ou moins pleines)… Avec les mains, un autre objet, en utilisant toutes les faces de l'objet…
- Explorer les possibilités sonores d'**un instrument** comme le tambourin, le triangle, le maracas…
- **Établir des liens** entre les possibilités sonores d'objets de la vie courante et celles d'instruments accessibles aux élèves.

• Le même chant, avec remplacement du dernier mot par un **frappé du rythme** (avec les mains, les pieds, mains/cuisse, tambourin…).

• Le même chant, avec remplacement du dernier mot par une **onomatopée**. Changer, par la suite, d'onomatopée (poum, clac…).

LE MARRONNIER
L'autre jour sous un hum-hum-hum
J'étais allée me hum-hum-hum
Les moustiques m'ont hum-hum
J'ai dû quitter mon hum-hum-hum

• **Le chant dans son intégralité :**

LE MARRONNIER
L'autre jour sous un marronnier
J'étais allée me reposer
Les moustiques m'ont piquée
J'ai dû quitter mon marronnier

• Le même chant, avec remplacement du dernier mot par un **mime** de l'arbre, du repos, des piqûres…

LE MARRONNIER
L'autre jour sous un … *(mimer)*
J'étais allée me … *(mimer)*
Les moustiques m'ont … *(mimer)*
J'ai dû quitter mon … *(mimer)*

DOC 79 Variations sur un chant

JEUX D'ÉCOUTE
• Jeu du **« sous-marin »** : se déplacer yeux bandés et aller chercher un instrument de musique placé dans la classe ou sous le préau, selon les indications d'un camarade.
• Jeu du **« téléphone sans fil »** : transmettre fidèlement un message et repérer les transformations éventuelles du message.
• Jeu de **« la chaise musicale »** : trois enfants jouent d'un instrument (triangle, tambourin, maracas). Un enfant, yeux bandés, doit s'orienter vers celui qui joue du tambourin et prend sa chaise.
• Jeu du **« domino sonore »** : fabriquer des boîtes contenant des matériaux sonores identiques ; le jeu consiste à les rapprocher.
• Jeu du **« mikado des sons »** : déposer par terre toutes les percussions de la classe. Même principe que le jeu du mikado : il s'agit ici de retirer les instruments (bâtonnets, maracas, tambourins…), sans faire de bruit.

DOC 80 Jeux d'écoute

Les fiches de préparation de l'enseignant

Fiche de préparation n° 24

Compétence visée
Parler d'un extrait musical et exprimer son ressenti ou sa compréhension en utilisant un vocabulaire adapté.

Objectif spécifique
Marquer la pulsation avec une partie du corps.

Organisation de la classe
Collective.

Durée de l'activité
15 min.

Matériel nécessaire
Aucun.

Déroulement de la séquence

• Phase 1
Reprendre un chant connu, très simple et d'un rythme régulier : *Une souris verte, Sur le pont d'Avignon…*
Chanter et frapper le rythme avec ses mains.

• Phase 2
Rechercher avec ses mains différentes manières de sonoriser le rythme (en les frottant, en tapant d'un doigt sur une main…).
Constater que les bruits sont différents mais que le rythme, lui, est le même.

• Phase 3
Mémoriser et enchaîner les différentes façons de marquer le rythme (on change de façon à chaque vers).

• Phase 4
Chercher avec la bouche et les pieds différentes idées (claquer, siffler, chuchoter, embrasser, frapper, taper, frotter…).
Reprendre le chant.

• Phase 5
Reprendre le chant en alternant l'utilisation de la bouche, de la voix, des pieds…

Difficulté anticipée, rôle du maître
• Les enfants ne mémorisent pas l'enchaînement des frappés.

⇒ Les réaliser sans la mélodie, lentement, puis reprendre le chant.

Évaluation
• Permanence du rythme, quel que soit le type de geste.
• Proposition de plusieurs idées.

Prolongement
Créer un catalogue des gestes sonores et les utiliser pour composer de petites « partitions » à adapter sur d'autres chants très simples.

Proposition de programmation annuelle

	1er TRIMESTRE	2e TRIMESTRE	3e TRIMESTRE
ACTIVITÉS VOCALES	• Mémoriser un ou deux chants par mois. • Dans le cadre d'une préparation vocale, savoir respirer, se décontracter, articuler ; produire des sons variés et prendre conscience des résonateurs.	• Mémoriser un ou deux chants par mois. • Expérimenter plusieurs registres expressifs : joie, tristesse, colère, étonnement…	• Mémoriser un ou deux chants par mois. • Identifier, localiser les bruits, les cris et les éléments sonores d'environnements de la vie quotidienne. • Les comparer. • Les imiter, les transformer par la voix.
ACTIVITÉS D'ÉCOUTE	• Développer l'écoute active. • Repérer les objets, les voix, les matériaux et les gestes qui peuvent les produire.	• Frapper la pulsation avec ses mains sur une partie du corps. • Marquer la pulsation avec une partie du corps. • Se déplacer en respectant les pulsations. • Recherche exploratoire des possibilités sonores de son corps, d'objets variés (instruments de fortune).	• Écouter des extraits d'œuvres musicales d'origines variées (styles, pays, cultures). • Repérer certains instruments utilisés. • Se déplacer en respectant les pulsations. • Utilisation d'instruments simples : tambourins, grelots, claves, maracas, triangles, cloches, cymbales, wood-block…

PARTIE 3

DES PROJETS POUR RÉALISER LES COMPÉTENCES

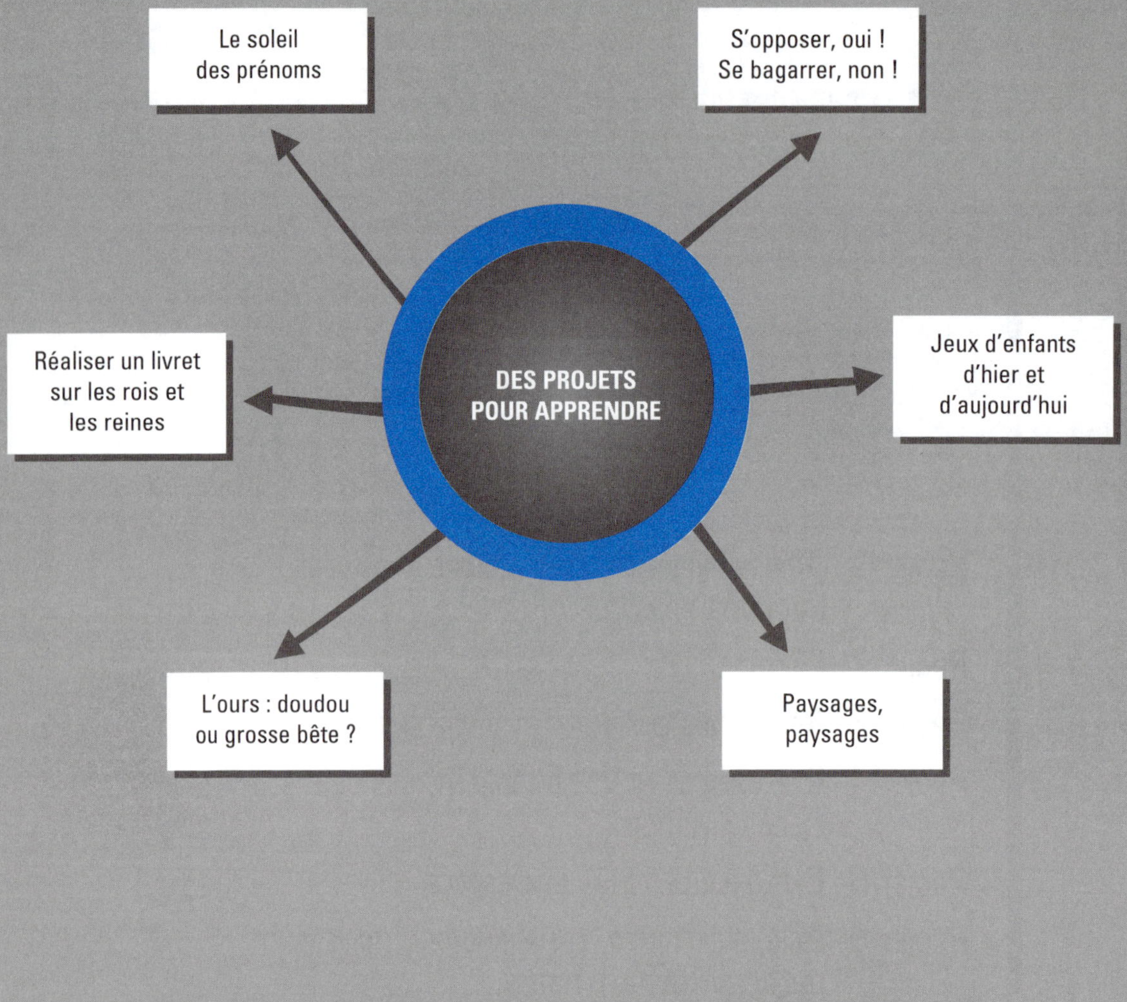
DES PROJETS
POUR APPRENDRE
Le soleil
des prénoms
S'opposer, oui !
Se bagarrer, non !
Réaliser un livret
sur les rois et
les reines
Jeux d'enfants
d'hier et
d'aujourd'hui
L'ours : doudou
ou grosse bête ?
Paysages,
paysages

PROJET 1 — AGIR, S'EXPRIMER, COMPRENDRE À TRAVERS L'ACTIVITÉ PHYSIQUE

S'OPPOSER, OUI ! SE BAGARRER, NON !

Découvrir l'écrit

- **Rechercher** des **albums de jeunesse** dans lesquels les personnages s'opposent ou se bagarrent.
- **Décrire** les attitudes des personnages dans les deux cas.

Langage

- **Dicter à l'adulte** les règles d'un jeu d'opposition.
- **Inventer** le nom d'un jeu.
- **Nommer** des sports d'opposition à deux ou collectifs.
- **Définir** les verbes « s'opposer » et « se bagarrer ».

Vivre ensemble

- **Apprendre les règles de politesse** et de respect, les règles de début et de fin de jeu.
- **Décider** de ce qu'il faut faire lorsque des enfants se battent dans la cour.

Éducation motrice

- **Apprendre** plusieurs jeux d'opposition.
- **Comparer** les jeux difficiles, faciles. Justifier.
- **Classer** les jeux : ceux centrés sur l'action « pousser », « tirer », « enlever », « faire sortir »…
- **Mimer** des jeux d'opposition et de petites situations de conflit.

Arts visuels

Représenter par le dessin un jeu d'opposition et une bagarre.

La finalité de ce projet est d'aider les enfants à percevoir des différences entre les jeux d'opposition permettant de se mesurer à l'autre selon des règles claires et l'affrontement permettant d'exercer son pouvoir par la force.

Découvrir l'écrit

- **Classer** les prénoms par initiale.
- **Classer** les prénoms en fonction de leur nombre de lettres.
- **Ranger** les prénoms dans un tableau (prénoms de 3, 4, 5… lettres).

Ce tableau pourra servir à faire l'appel le matin.

Le tableau des prénoms de la classe

3	4	5	6
Léa	Saïd	Laura	Margot
	René		Samuel
	Paul		Malika

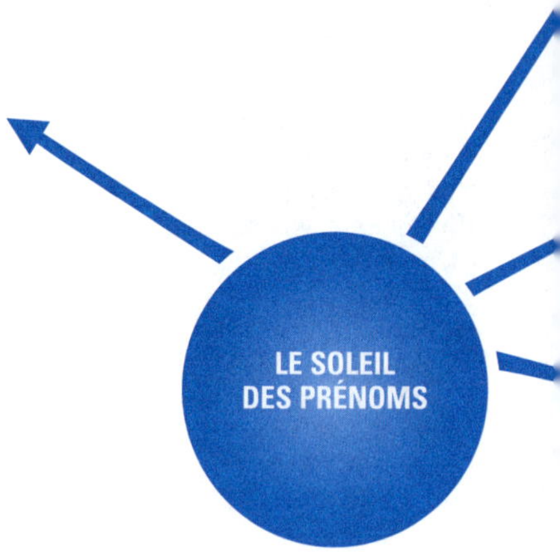

La finalité de ce projet est de valoriser chaque enfant à travers son identité prénom et de développer sa curiosité pour l'écrit.

Le travail aboutira à la création d'**un grand panneau** à situer en classe (espace de regroupement) ou dans le couloir (à destination des parents ou des autres enfants de l'école).

Arts visuels

- **Fabriquer** des lettres en pâte à sel d'après modèle pour composer son prénom.
- **Décorer** (peinture, collage...) des lettres. On décorera tout particulièrement l'initiale du prénom.
- **Disposer** les prénoms comme les rayons d'un soleil.
- **Marquer** l'empreinte de l'index de chaque enfant au cœur du soleil.

Découvrir l'écrit

- **Repérer** les lettres composant son prénom.
- **Reproduire** le prénom par différents procédés.
- **Présenter** des calligrammes simples (Apollinaire...).

La matière et les objets

- **Lire** la recette de la pâte à sel illustrée.
- **Fabriquer** la pâte à sel. ▷ DOC 81

La pâte à sel ne se consomme pas. Elle est la vedette de l'école maternelle car elle peut se fabriquer en grandes quantités, se conserver dans des récipients hermétiques, se teinter à l'avance par quelques gouttes de gouache ou d'encre et se cuire dans le four de la cantine. Les réalisations sont durables si on les conserve à l'abri de l'humidité.

Ingrédients

- 1 kg de farine
- 750 mL d'eau
- 500 g de sel fin
- Mélanger tous les ingrédients jusqu'à obtenir une pâte malléable, créer les formes, cuire les sujets (thermostat 8).

Pour une pâte souple : ajouter 2 cuillerées à soupe de colle à tapisserie.
Pour une pâte ferme : doubler la dose de sel.
Pour une pâte fine : ajouter 100 g de fécule de pomme de terre.

DOC 81 La recette de la pâte à sel

Projet 3 Apprendre ensemble et vivre ensemble

RÉALISER UN LIVRET SUR LES ROIS ET LES REINES

Langage

- **Acquérir** le **vocabulaire spécifique** (accessoires, lieu de vie, habillement…).
- **Élaborer** notre **« dictionnaire »** des rois et des reines.
- **Expliquer** pourquoi le lion est « le roi des animaux ».

Vivre ensemble

Comparer la valeur du roi et celle de la dame dans le jeu de la bataille.

Vivre ensemble

- **Définir** ce que peuvent faire les rois et les reines dans les histoires (notion de pouvoir).
- **Y a-t-il un roi ou une reine dans l'école ?**
Un jour par semaine, un enfant est roi de la classe : que peut-il décider de faire ?
- **Définir** la spécificité de chaque enfant de la classe (« Tous rois et reines ! »). ▷ **DOC 82**

Arts visuels

- **Observer** les caractéristiques vestimentaires des rois et des reines dans des albums, des œuvres d'art, des jeux de cartes…
- **Reproduire** le roi ou la reine d'un jeu de cartes.
- **Transformer** la photo d'identité d'un enfant en portrait de roi ou de reine.
- **Représenter** un château.

Découvrir le monde

- **Observer** des jeux de cartes datant de différentes époques.
- **Visiter** un château.

La finalité de ce projet est, d'une part, de percevoir qu'un même type de personnage peut être traité différemment et, d'autre part, de s'interroger sur la notion de pouvoir.

Découvrir l'écrit

- **Repérer tous les albums** représentant les personnages de roi et de reine.
- **Comparer** la façon dont ils sont représentés.
- **Décrire** leurs caractéristiques physiques et comportementales.
- **Comparer** les rois humains et animaux dans les histoires, les contes, les dessins animés (par exemple, *Le Roi Lion*).

Un jour par semaine, un enfant est le roi ou la reine de la classe. Le but est d'inviter les élèves à mettre en valeur les qualités et les particularités de chacun de leurs camarades. Par exemple :

Margot est la reine des chansons !
Elle les connaît toutes
et sait même les chanter toute seule.

Raphaël est le roi du théâtre !
Il sait imiter beaucoup de voix.

Sabine est la reine des chaussures !
Elle sait les mettre toute seule et très vite.

DOC 82 **Tous des rois et des reines**

PROJET 4 EXPLORER LE MONDE DU VIVANT, DES OBJETS ET DE LA MATIÈRE

Langage

- **Mémoriser** des **comptines** au sujet des ours.
- **Inventer** la comptine des ours et des prénoms de la classe. Exemple :
« Léa a un ours en chocolat,
Margot aime l'ours en cacao… »
- **Explorer** les **dérivations** (ours ⇒ ourson, chat ⇒ …).

Arts visuels

Découper et **classer** les ours en peluche représentés dans des catalogues.

L'OURS : DOUDOU OU GROSSE BÊTE ?

Découvrir le monde

- **Comparer** plusieurs peluches : taille, couleur, texture.
- **Découvrir**, à travers un documentaire simple, les caractéristiques de cet animal (les différentes sortes d'ours, ses griffes, son empreinte, sa façon de se nourrir…).
- **Réaliser** la **fiche d'identité** de l'ours brun.
- **Recouvrir**, de différentes matières douces au toucher, des silhouettes d'ours.
- **Lire** et **réaliser** une recette d'oursons en **pâte à pain** à décorer à l'aide de bonbons et de fruits confis. ▷ **DOC 83**

La finalité de ce projet est de conduire progressivement les enfants à distinguer l'imaginaire du réel (l'ours en peluche / l'ours réel) et les supports de lecture différents (l'album / le documentaire).

L'ensemble des travaux d'enfants aboutira à la réalisation collective ou individuelle d'un **livre animé en forme de silhouette d'ours**. Chacune de ces silhouettes, reliées entre elles, portera un type d'information ou de réalisation : page des peluches préférées, informations sur l'ours, détournement de photos, fiche d'un personnage d'album de jeunesse…

Découvrir l'écrit

- **Rechercher des albums de jeunesse** dont le héros est un ours.
- **Repérer** leurs caractéristiques physiques, comportementales, la façon dont ils sont habillés.
- **Repérer** des albums où l'ours se comporte comme un enfant.
- **Dresser** la **fiche signalétique** des personnages d'ours dans des albums ou dans des contes.
- **Décrire** les ours dans des dessins animés (par exemple, Balou dans *Le Livre de la jungle*).

Arts visuels

- **Décorer**, peindre une photo d'ours (photocopie) à la manière d'Andy Warhol.
- **Inventer** des ours bizarres, drôles (l'ours à rayures, à petits pois…) par dessin, collage, peinture.
- **Organiser** une exposition des différentes représentations des ours disponibles en classe.

Ingrédients
- 1 kg de farine de blé
- 50 g de levure de bière
- 1 cuillerée à café de sel fin
- 3 verres d'eau tiède
- 1 cuillerée à café de sucre en poudre

- Préparer la levure dans un bol : la verser avec le sucre et diluer le tout avec deux cuillerées à soupe d'eau tiède. La laisser reposer et gonfler au chaud 5 min dans un four tiède.
- Dans un grand récipient, verser la farine, le sel, la levure. Mélanger délicatement, ajouter l'eau au fur et à mesure qu'elle est absorbée par la farine. Travailler du bout des doigts pour obtenir une pâte souple.
- Former une boule et pétrir la pâte.
- Laisser gonfler la pâte recouverte d'un torchon à l'abri des courants d'air et dans un endroit tiède : elle va doubler ou tripler de volume.
- La pâte levée se modèle facilement. Déposer les sujets sur la plaque froide du four recouverte d'une feuille d'aluminium ménager enduite d'huile. Bien espacer les sujets car ils vont encore gonfler. Les faire cuire à thermostat moyen (4-5) jusqu'à ce qu'ils soient bien dorés.
- Pour colorer localement la pâte ou dessiner des détails, peindre en fin de cuisson avec du jaune d'œuf ou du café ou du chocolat en poudre mélangé à du sirop de sucre. Décorer avec des bonbons ou des fruits confits.
- Les sujets cuits sont prêts à être consommés ou peuvent se garder très longtemps à l'abri de l'humidité.

DOC 83 La recette de la pâte à pain

Projet 5 Explorer le temps et l'espace

Jeux d'enfants d'hier et d'aujourd'hui

Langage

- **Lister** tous les jeux connus des enfants (dans la cour, dans la classe, à la maison, dans le square…).
- **Relater**, après les avoir interrogés, les jeux auxquels les parents jouaient.

Découvrir le monde

- **Classer** les jeux illustrés : jeux de balle, d'opposition, de corde, de glisse…
- **Mettre** en correspondance des types de jeux différemment illustrés.

Arts visuels

- **Décrire** les jeux représentés dans certaines **œuvres d'art** (exemple : 84 jeux sont représentés dans *Les Jeux d'enfants* de Breughel). ▷ **DOC 84**
- **Retrouver** le jeu représenté à partir de sa description.
- **Comparer** le tableau de Breughel et la publicité de « Petits Bateaux » structurée sur le même mode.

La finalité du projet est de percevoir que le temps passe (décors, habillement des personnages), mais que les jeux d'enfants traversent l'espace et le temps.

Découvrir l'écrit

- **Repérer** dans des **albums de jeunesse** les jeux auxquels s'adonnent les personnages.
- **Décrire** des **affiches publicitaires** représentant des jeux d'enfants (exemple : la campagne de publicité de « Petits Bateaux »).

Vivre ensemble

- **Choisir** son jeu préféré.
- **Regrouper** les enfants aimant les mêmes types de jeu.

Pieter Brueghel, *Les Jeux d'enfants*, 1559.
Kunsthistorische Museum, Vienne.

DOC 84 BRUEGHEL, *Les Jeux d'enfants*

Projet 6 Agir, s'exprimer, comprendre à travers les activités artistiques

Paysages, paysages

Langage

- **Décrire** des **paysages** illustrés.
- **Acquérir** le **lexique** spécifique.
- **Faire l'inventaire** du lexique propre à chaque paysage (la mer, les vagues, le sable, les rochers…).
- **Exprimer ses goûts** quant au paysage préféré.

Découverte du monde

- **Comparer** des paysages de montagne, de campagne, de mer.
- **Reconstituer** un paysage à partir de la description qui en est faite.
- **Classer** des cartes postales.

Arts visuels

- **Décrire** des paysages représentés dans des œuvres d'art.
- **Colorier** un paysage photocopié en noir et blanc.
- **Comparer** des éléments de paysage sur des photos (réalité) et dans des albums (imaginaires).
- **Rechercher** différentes façons de représenter un arbre. ▷ DOC 85
- **Peindre un paysage à la manière de… (ex. : le pointillisme).**

La finalité de ce projet est de sensibiliser les enfants à leur environnement et d'acquérir un vocabulaire descriptif.

Découvrir l'écrit

- **Classer des albums de jeunesse** en fonction des paysages représentés (exemple : toutes les histoires se déroulant dans la forêt...).
- **Comparer** la façon dont tel paysage est représenté dans les différents albums.
- **Associer** différentes histoires et contes au(x) paysage(s) référent(s).

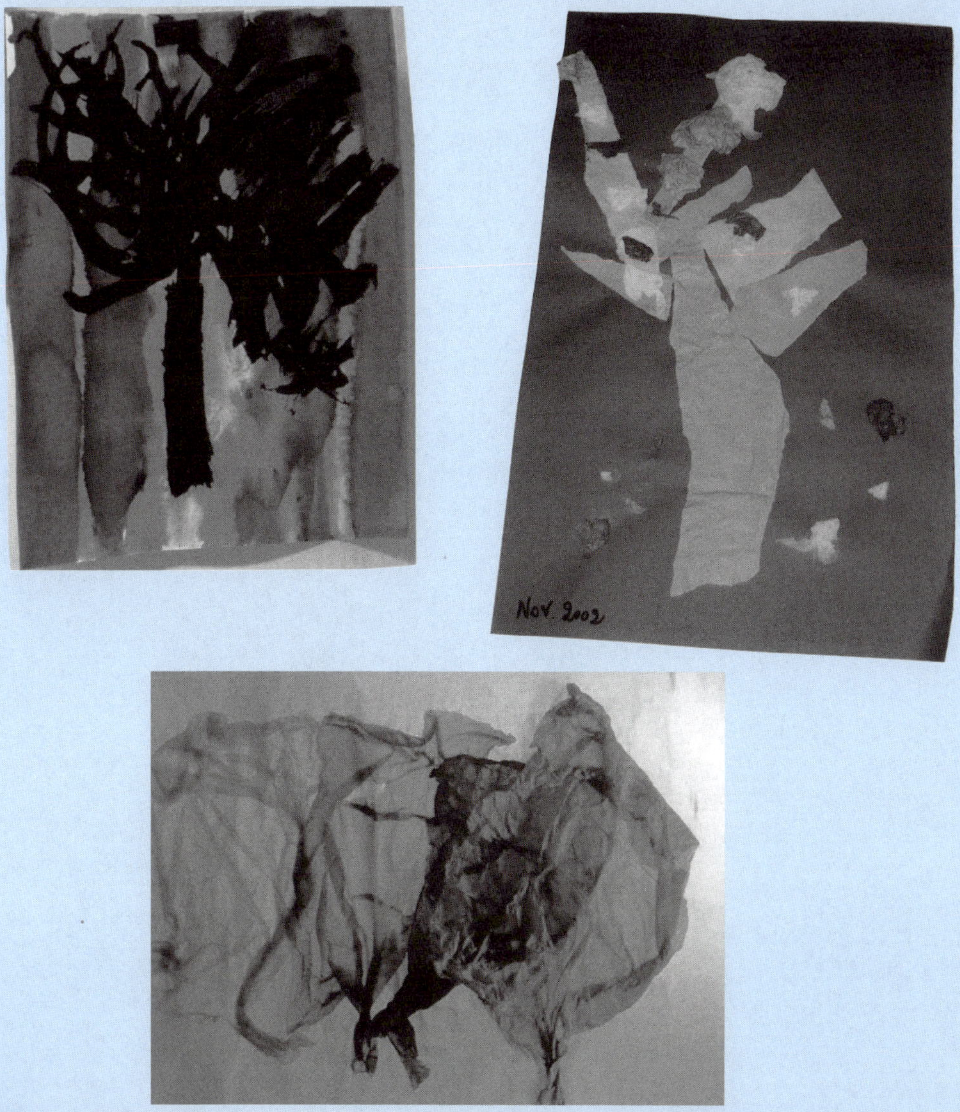

DOC 85 Trois façons de représenter un arbre

Annexes

Table des documents

Évaluer pour faire réussir

Les acquisitions

L'oral

L'écrit

Agir, s'exprimer, comprendre à travers l'activité physique

Explorer le monde du vivant, des objets et de la matière

Se repérer dans le temps et l'espace

Découvrir les nombres et leur utilisation

Explorer des formes, les grandeurs, des suites organisées

Table des fiches de préparation de l'enseignant

Explorer le monde du vivant, des objets et de la matière

Explorer des formes, des grandeurs, des suites organisées

Les productions plastiques et visuelles

Univers sonores

Bibliographie

Pédagogie générale

- Michèle LIBRATTI, Christine PASSERIEUX, *Les Chemins des savoirs à l'école maternelle*, Chronique Sociale, coll. « Pédagogie/Formation », préface d'Élisabeth BAUTIER, 2016.
- Chantal METTOUDI, *Comment enseigner en Grande Section*, Hachette Éducation, 2016.
- Chantal METTOUDI, *Comment enseigner en Petite Section*, Hachette Éducation, 2008.
- Geneviève MEYER *et al.*, *Cheminement en maternelle*, Hachette Éducation, coll. « L'école au quotidien ».

Mobiliser le langage dans toutes ses dimensions

- Madeleine CORBENOIS, Bernard DEVANNE, Éric DUPUY, Monique MARTEL, *Apprentissages de la langue et conduites culturelles : maternelle*, Armand Colin, coll. « Pratique pédagogique », 2000.
- INRP, Mireille BRIGAUDIOT (sous la dir. de), *Apprentissages progressifs de l'écrit à l'école maternelle*, Hachette Éducation, 2000.
- Philippe BOISSEAU, *Introduction à la pédagogie du langage : maternelle*, CRDP de Rouen, 2 tomes.
- Agnès CHAVANON, *10 histoires à écouter et à raconter aux maternelles*, Hachette Éducation, 2009.
- Élisabeth DOUMENC, *Travailler avec des albums en maternelle*, Hachette Éducation, coll. « Pédagogie pratique », 2015.
- Chantal METTOUDI, *Comment enseigner le langage en maternelle*, Hachette Éducation, 2008.
- Ariane SIMON, *Comptines et chansons pour apprendre*, Hachette Éducation, coll. « Pédagogie pratique », 2015. (avec 1 CD-audio)
- Jean-François SIMONPOLI, *Ateliers de langage pour l'école maternelle*, Hachette Éducation, coll. « Pédagogie pratique à l'école », 1995.
- Jean-François SIMONPOLI, *Nouveaux ateliers de langage pour l'école maternelle*, Hachette Éducation, coll. « Pédagogie pratique à l'école », 2005.

Apprendre ensemble et vivre ensemble

- Denise DURIF, Jeannine BARDONNET-DITTE, Jeannine MERCIER, *Les Citoyens de la maternelle*, Nathan, coll. « Pédagogie », 1980.
- Jacques FORTIA, *Mieux vivre ensemble dès la maternelle*, Hachette Éducation, 2001.

Explorer le monde – Construire les premiers outils pour structurer sa pensée

- Alain DESCAVES, Sylvie VIGNAUD, *Apprentissages numériques à la maternelle*, Hachette Éducation, coll. « Pédagogie pratique », 2013.
- André GIORDAN, Maryline COQUIDÉ-CANTOR *et al.*, *L'Enseignement scientifique à l'école maternelle*, Z'Éditions / Delagrave / CNDP des Alpes-Maritimes, coll. « Guides pratiques », 1997.
- Guy JULLEMIER, *Jouer pour apprendre aux cycles 1 et 2*, Hachette Éducation, 2005.

Agir et s'exprimer – Comprendre à travers l'activité physique

- Marie-Paule DONNADIEU, Jean-René COURTOIS, *Enseigner l'éducation physique à l'école maternelle*, CRDP de Grenoble, 2 volumes, 1985.

Agir, s'exprimer, comprendre à travers les activités artistiques

- Daniel LAGOUTTE, *Les Arts plastiques, contenus, enjeux et finalités*, Armand Colin, coll. « Formation des enseignants », 1990.
- Daniel LAGOUTTE, *Pratiquer les arts visuels à l'école*, Hachette Éducation, coll. « Profession enseignant », 2015.
- M. ABBADIE, Anne-Marie GILLIE, *L'Enfant dans l'univers sonore*, Armand Colin, coll. « Pratique pédagogique », 1979.
- La collection d'Élisabeth DOUMENC, « Pas à pas en arts plastiques, Maternelle », Hachette Éducation.

Sites de référence

- Le site général du ministère de l'Éducation nationale : www.education.gouv.fr
- Le site pédagogique du ministère de l'Éducation nationale : www.eduscol.education.fr

Achevé d'imprimer en France par la Nouvelle Imprimerie Laballery
Dépôt légal : janvier 2016 - Collection n° 20 - Édition 01 - N° d'impression : 511275
24/2329/8